Inhalt

4	Einführung

5 Das fadengebundene Sticken
5 Material und Werkzeug für das fadengebundene Sticken
5 Das Vernähen der Fäden

6 Abgezählte Stickstiche in der fadengebundenen Stickerei

10 Verschiedene Techniken in der fadengebundenen Stickerei
10 Platt- und Zierstickerei
12 Fertigstellen der Handarbeit
13 Zug- oder Ajourstickerei
14 Schnell angefertigte Deckchen in Ajourstickerei
14 Das Sichern der Deckchenränder
16 Mustertuch in Ajourstickerei
17 Stickbeginn des Mustertuches
21 Fertigstellen des Mustertuches mit einem Mäusezäckchen
22 Hohlsäume und Hohlnähte
22 Erbslochhohlsaum
23 Hardangerstickerei

26 Das nicht fadengebundene Sticken
26 Material und Werkzeug für das nicht fadengebundene Sticken

27 Freie Stickstiche in der nicht fadengebundenen Stickerei

30 Verschiedene Techniken in der nicht fadengebundenen Stickerei
30 Schattenstickerei
30 Tischband in Schattenstickerei
30 Fertigstellen des Tischbandes
31 Wolken aus Glasbatist
31 Richelieustickerei
32 Arbeitsschritte der Richelieustickerei
33 Lochstickerei und Langetten
35 Hochstickerei
35 Kleine Blume in Hochstickerei
37 Monogramm in Hochstickerei

39 Kombination zweier Techniken: Hessische Weißstickerei
40 Freie Stickweisen
42 Arbeitsvorlagen selbst entwerfen
43 Bemerkung für Linkshänder
43 Waschen und Bügeln der Weißstickerei
44 Kleine Geschichte der Weißstickerei

45 Schöne Muster und Vorlagen
63 Zur Tischdecke auf dem Titelbild

Einführung

Mit diesem Buch möchte ich allen Stickerinnen Mut machen zur zarten, oft filigranartig wirkenden Weißstickerei. Diese Handstickerei ist im letzten Jahrhundert durch die Maschinenstickerei verdrängt worden. Heute besinnt man sich wieder auf das kreativere Handsticken und staunt, mit welcher Akkuratesse unsere Groß- und Urgroßmütter ihre Initialen in Aussteuerwäsche, sowie in Kinder- und Taufkleider gestickt haben.

Wir wollen Schritt für Schritt versuchen, die Weißstickerei wieder zu erlernen. Die Endergebnisse müssen nicht große Tischdecken oder Wäschestücke sein. Gerade die Weißstickerei bietet sich zur Anfertigung von Fensterbildern, kleinen Decken und Läufern an, für die Sie auf den folgenden Seiten zahlreiche Muster, Vorlagen und Anregungen finden.

Das Buch ist in zwei sehr verschiedene Kapitel eingeteilt. Bei der fadengebundenen Stickerei werden alle Stickstiche während des Stickvorgangs abgezählt. Stickerinnen, die bisher viel Kreuzstiche gestickt haben, wird das Kapitel wohl besonders liegen, denn man arbeitet nach einem Zählmuster. Anders bei der nicht fadengebundenen Stickerei, hier wird der Entwurf auf den Stoff übertragen und überstickt.

Mein Wunsch ist es, daß dieses Buch Sie anregt, selber einen Entwurf für eine Stickerei anzufertigen. Erst dann macht das Sticken richtig Spaß. Sie können z. B. Arbeitsproben, die zu den verschiedenen Techniken ausführlich beschrieben sind, verändern. Sie können mehrere Reihen von einem Stich untereinander zu einem flächenfüllenden Stich arbeiten oder verschiedene Stiche miteinander kombinieren. Ein Handspiegel, aufrecht hinter Ihre Stickerei gestellt, gibt Ihnen hierbei Hilfestellung.

Sie finden die Stickstiche für die fadengebundene Stickerei auf den Seiten 6, 7, 8 und 9. Für die nicht fadengebundene Stickerei sind die Stickstiche auf den Seiten 27, 28 und 29 gedacht. Auch werden einige Stickstiche, die direkt im Zusammenhang mit einer Sticktechnik stehen, im jeweiligen Kapitel besonders erklärt.

Für die im Text besprochenen Handarbeiten finden Sie die Muster und Vorlagen ab Seite 45; daneben aber auch zahlreiche Anregungen für Ihre ganz persönlichen Gestaltungswünsche.

Das fadengebundene Sticken

Die Vielzahl der Techniken in der Weißstickerei teilen wir in zwei Überbegriffe ein: das fadengebundene Sticken und das nicht fadengebundene Sticken.
Fadengebunden sind alle Stickstiche, die zwischen den Gewebefäden ein- und ausgestochen werden.
Hierzu gehören abgezählte Zierstiche sowie einfache und doppelte Durchbrüche.

Material und Werkzeug für das fadengebundene Sticken

In Leinenbindung gewebte Stoffe aus Baumwolle oder Leinen sind für die fadengebundene Stickerei am besten geeignet. Der Stoff muß abzählbar sein. Kette und Schuß müssen die gleiche Anzahl von Gewebefäden haben.
Im Fachhandel erhält man abzählbare Stoffe für Zierstiche und Durchbrüche. Ajourstiche wirken auf locker gewebtem Leinen gut. Siebleinen gibt es zwischen 7 bis 14 Gewebefäden pro Zentimeter im Quadrat.
Auch Stickgarne haben oft Bezeichnungen für die Stärke des Garns. Die niedrigste Zahl zeigt stets das stärkste und die höchste Zahl das feinste Stickgarn an. Perlgarn für Zierstiche und Durchbrüche erhält man in den Stärken 3, 5 und 8. Vierfachgarne für Zierstiche und Ajourstiche haben die Stärkenbezeichnungen 8, 12, 16, 20, 25 und 30.
Um ein Beschädigen des Gewebefadens zu vermeiden, wird in der fadengebundenen Stickerei immer mit einer Sticknadel ohne Spitze gestickt. Die üblichen Stärken der Nadeln sind für gröbere Stoffe: Stärke 20 und für die feineren Stoffe: Stärke 22 und 24.
Für Stickbeginn und Stickende sowie zum Abschneiden der Gewebefäden bei den Durchbrüchen brauchen Sie eine kleinere spitze, bis in die Spitzen gut schneidende Schere.
Zum Einspannen des Stoffes genügt in der fadengebundenen Stickerei ein Stickring.
Da mit stumpfer Nadel gestickt wird, ist ein Fingerhut nicht erforderlich.
Stecknadeln, Reihgarn, Zentimetermaß und Bügeleisen sind wohl in jedem Haushalt vorhanden.
Fadengebundene Zierstiche sind, da sie abgezählt werden, stets auf sogenanntem Kästchenpapier abgebildet. Die senkrechten und waagerechten Linien sind für einen Faden im Gewebe zu zählen.
Wenn Sie die Sticktechnik der fadengebundenen Stickerei beherrschen, lassen sich viele der hier vorgestellten Stiche mühelos auch auf solchen Stoffen ausführen, deren Fäden nicht zählbar sind. Sie nehmen Stramin zu Hilfe und ziehen später die Fäden mit einer Pinzette wieder heraus.

Das Vernähen der Fäden

Bei der fadengebundenen Stickerei kann der Anfangsfaden unter den ersten Stickstichen vernäht werden.
Knoten Sie hierfür das Fadenende und stechen mit der Sticknadel von oben durch den Stoff, so daß der Knoten obenauf sitzt. Nun arbeiten Sie 3 kleine Stiche, die Sie mit Stickstichen überdecken. Den Anfangsknoten schneiden Sie danach ab (siehe Zeichnung).
Ist Ihr Faden zu Ende gestickt oder Ihre Arbeit beendet, vernähen Sie den Faden mit kleinen Rückstichen unter den zuletzt gestickten Zierstichen durch den Stoff und schneiden ihn ab.

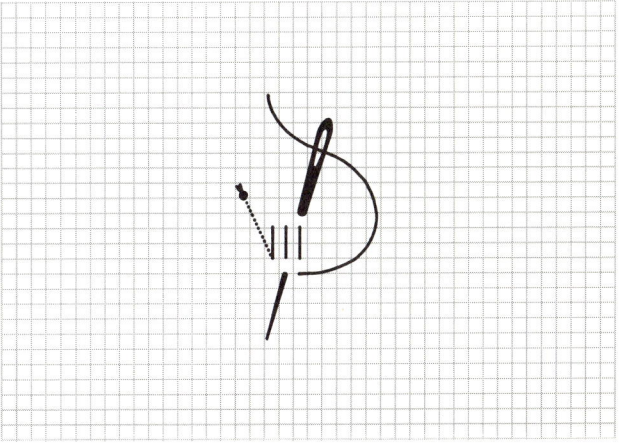

Fadenvernähen zum Stickbeginn

Abgezählte Stickstiche in der fadengebundenen Stickerei

Im folgenden werden 13 Stickstiche vorgestellt, die zur Ausführung der in diesem Kapitel abgebildeten Handarbeiten notwendig sind.

Plattstich

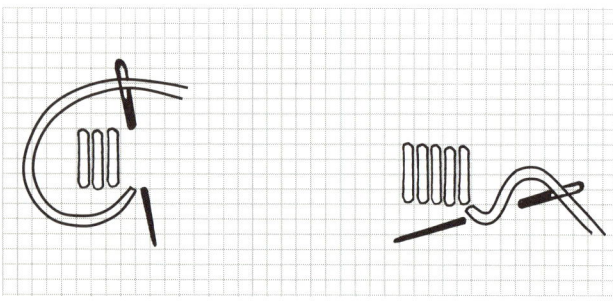

a b

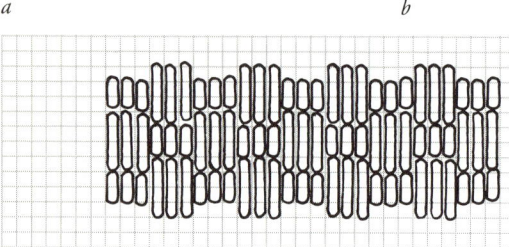

c

Bei einer Eckbildung in Plattstich hat der letzte senkrechte und erste waagerechte Stich das gleiche Stickloch (Abb. b).
Durch wechselnde Stickstichlänge – versetzt in Reihen untereinander gestickt – wird hier der Plattstich zum flächenfüllenden Plattstich (Abb. c).

Sternstich

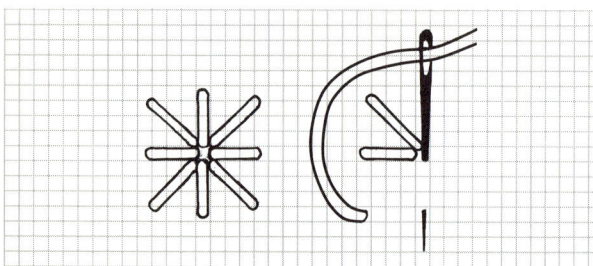

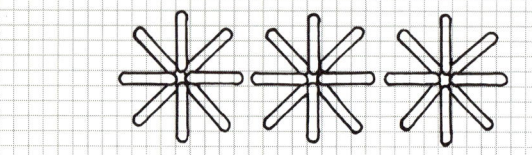

Der Sternstich ist wie der Plattstich ein Spannstich. Er wird im Kreis zur Mitte hin ausgeführt.

Steppstich

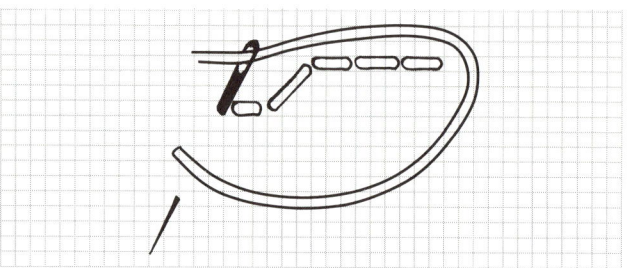

Der Steppstich wird Stich an Stich mit Rückstichen ausgeführt.

Kästchenstich

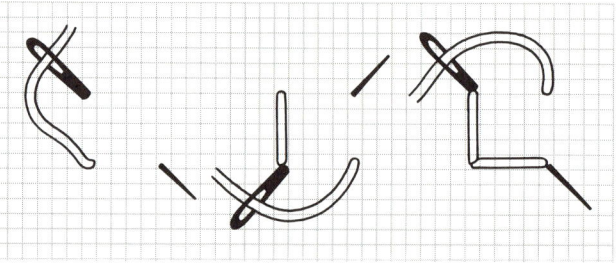

a b c

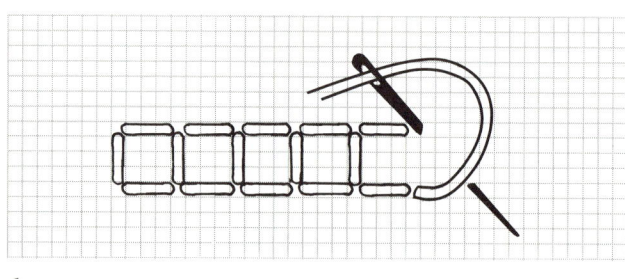

d

Auch der Kästchenstich besteht aus Rückstichen. Hier der Arbeitsgang: Nach dem senkrechten Stich auf der Oberseite geht die Nadel auf der Unterseite diagonal weiter (Abb. a).
Es folgt ein waagerechter Stickstich auf der Oberseite und die Nadel wird diagonal auf der Unterseite weitergeführt. (Abb. b).
Der dritte Stickstich ist wieder ein waagerechter Oberstich und ein diagonal liegender Unterstich (Abb. c).
Der vierte senkrechte Stich ist auch der erste Stickstich für das folgende Kästchen (Abb. d).
Auf der Rückseite der Stickerei entsteht ein Kreuzstich, bei dem ein Schrägstich doppelt ausgeführt ist.

Zickzackstich

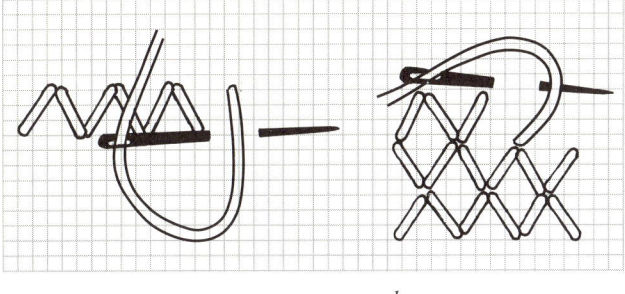

a   b

Der Zickzackstich besteht aus Diagonalstichen, die abwechselnd nach rechts und nach links geneigt sind.

Zackenstich

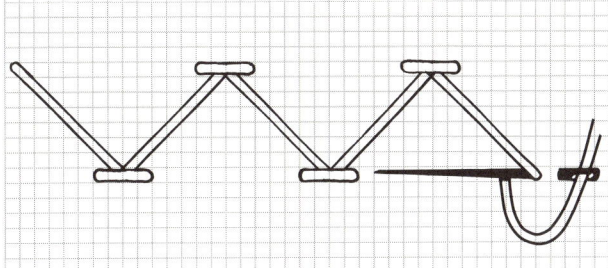

Der Zackenstich ist ein kombinierter Stich. Ein Schrägstich und ein waagerechter Rückstich werden im Wechsel ausgeführt.

Kretischer Stich

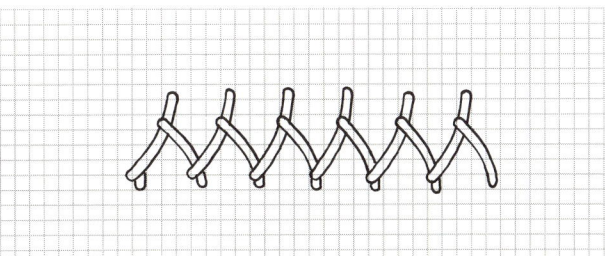

Der Kretische Stich ist in der fadengebundenen und nicht fadengebundenen Stickerei immer dann anzutreffen, wenn Flächen zu füllen sind.

Hexenstich:

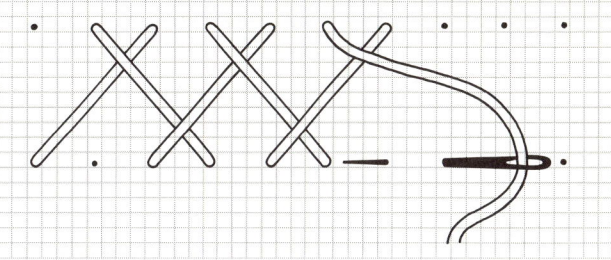

einfacher Hexenstich

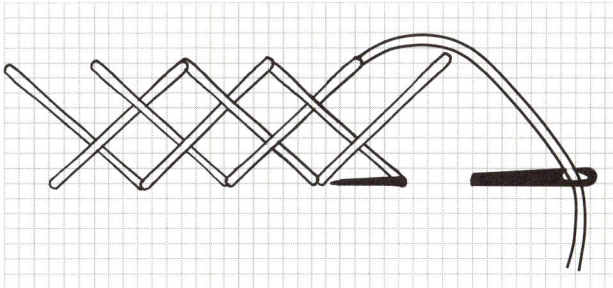

geschlossener Hexenstich

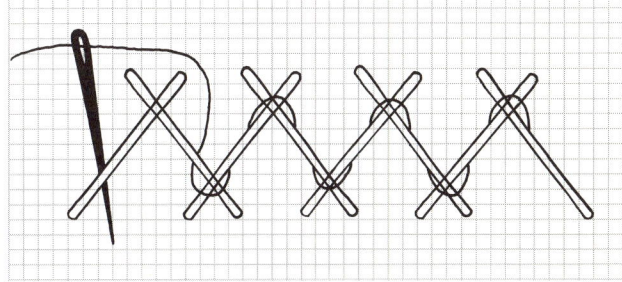

umstochener Hexenstich

Der Hexenstich gehört zu den überkreuzenden Stichen. Der klassische Hexenstich wird in gleichmäßigen Abständen gestickt. Bei der fadengebundenen Stickerei liegen unter der Nadel die gleiche Anzahl von Gewebefäden wie zwischen den Stickstichen.
Ein geschlossener Hexenstich greift immer an den vorletzten Stich. Auf der Rückseite des Stoffes entstehen so zwei Steppstichreihen. Deshalb nennt man ihn auch Kreuznaht.
Durch Übersticken eines locker aufliegenden Fadens erhält der klassische Hexenstich eine plastische Wirkung an den überkreuzenden Stellen.

Ringstich

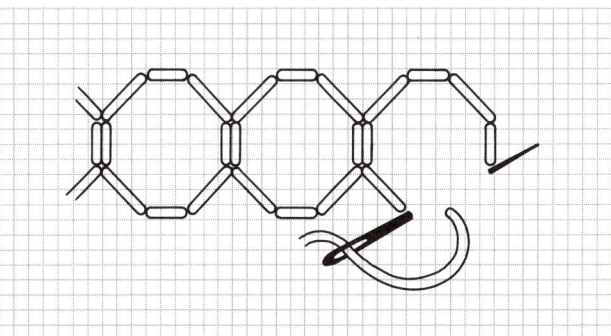

Kreisförmig wird der Ringstich in Rückstichen gearbeitet.

Rückstich

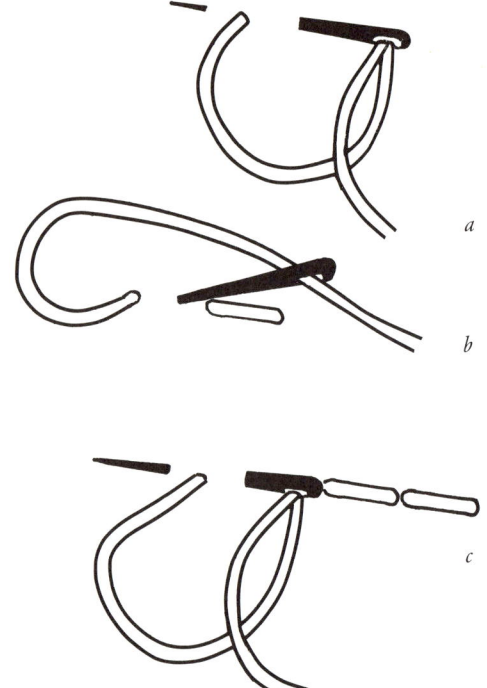

a
b
c

Der Rückstich zeigt eine deutliche Verwandtschaft zum Steppstich. Er ist sehr vielseitig in seiner Anwendung.

Waffelstich

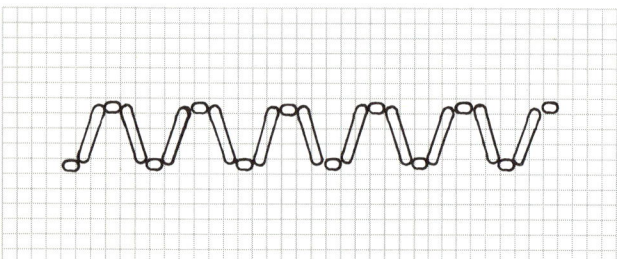

Der Waffelstich eignet sich hervorragend als Flächenfüllstich. Er wird in Hin- und Rückreihen gearbeitet.

Festonstich

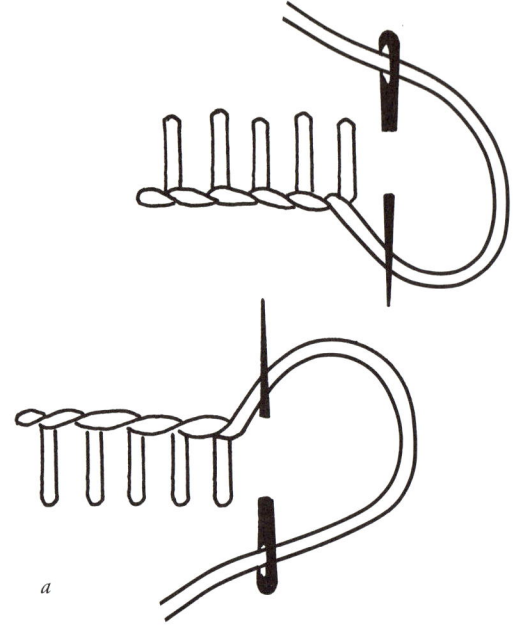

a

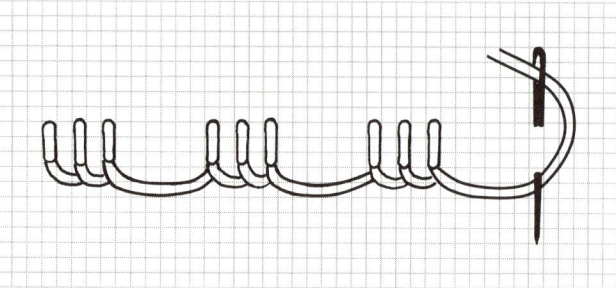

b

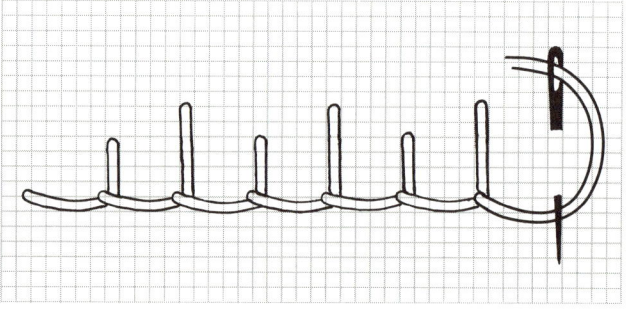

c

Bei den Fangstichen liegt der Faden unter der ausgestochenen Nadel; der erste Stickstich wird so abgefangen und durch den nächsten Stickstich in die gewünschte Lage gebracht.
Hierzu gehört der Festonstich, der in gleichmäßigen und ungleichmäßigen Abständen gestickt werden kann (Abb. b). Stickt man mehrere Reihen versetzt untereinander, so erhält man ein Flächenmuster.
Auch kann durch unterschiedliche Stichhöhe Abwechslung im Aussehen des Festonstichs gebracht werden (Abb. c).
So ein Festonstich gegeneinander gestickt, zwei Festonseiten nach außen oder in der Mitte liegend, ergeben hübsche Zierstichreihen. Versuchen Sie mit Hilfe eines kleinen Handspiegels zu experimentieren.

Zweig- oder Fangstich

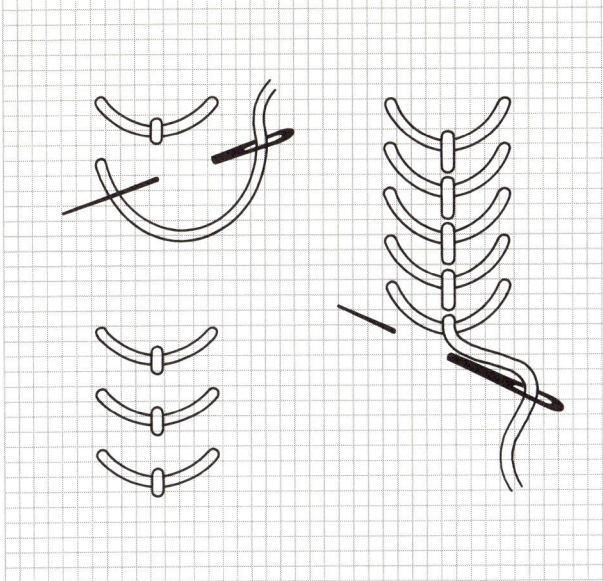

a

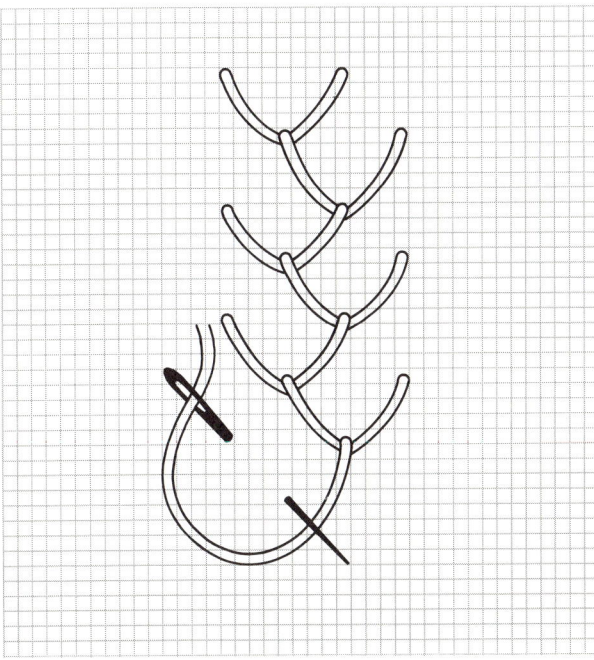

b

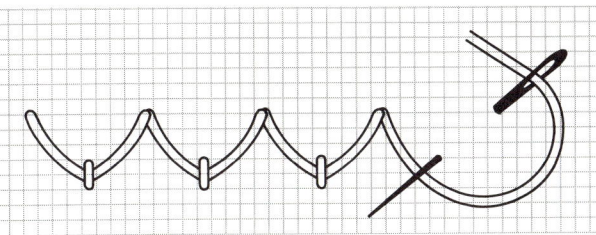

c

Abbildungen a + c zeigen einzeln abgefangene Stiche, die senkrecht (a) untereinander oder waagerecht (c) nebeneinander gestickt werden. Abb. b zeigt den Arbeitsgang des Bäumchenstichs, der abwechselnd nach rechts und links gestickt wird. Wie beim Festonstich stickt man fortlaufend weiter.

Platt- und Zierstickerei, auf leicht abzählbarem Stoff, ist für Anfänger im Sticken gut geeignet. Mit abgezählten Stickstichen können Sets, Decken, Kissen, kleinere Dinge, wie Lesezeichen und Nadelmäppchen, verziert werden.
Der Phantasie sind keine Grenzen gesetzt. Die Platt- und Zierstiche können von der Stickerin verändert sowie untereinander kombiniert gestickt werden.
Es ist sinnvoll, erst eine kleine Arbeitsprobe zu sticken, um die Wirkung der einzelnen Stiche zu ersehen.
Auf Seite 10 sehen Sie eine Abbildung von Arbeitsproben fadengebundener Platt- und Zierstiche.
Zusammengezogene Platt- und Zierstiche werden zu Ajourstichen. Die Abbildung einer Arbeitsprobe finden Sie auf Seite 13.
Fadenauszüge bei einfachen Durchbrüchen werden mit Zierstichen gesichert. Eine Arbeitsprobe für Hohlsäume ist auf Seite 22 abgebildet.
Der doppelte Durchbruch bei der Hardangerstickerei muß mit Plattstichrunden gesichert sein. Hierzu eine Arbeitsprobe auf Seite 23.

Frei gearbeitete Plattstiche werden in einem Rahmen ausgeführt, um eine gleichmäßige Fadenspannung zu erhalten. Obwohl der Plattstich ein flach auf dem Gewebe aufliegender Stich ist, kann man durch Länge, Lage und Anordnung sowohl plastische wie auch schattierte Wirkungen erzielen. Grundsätzlich gilt folgendes: Der Stickfaden wird nach dem Ausstich zur gegenüberliegenden Kontur eines vorgezeichneten oder gezählten Musters geführt, die Nadel wird dort ein- und dicht neben dem ersten Ausstich wieder ausgestochen. Der Stichabstand muß der Fadenstärke entsprechen. Stickt man zu dicht, verdrängen die Fäden sich gegenseitig und ergeben eine ungleichmäßige, aufgebauschte Stickfläche. Arbeitet man zu weitläufig, wird das Gewebe unter den Fäden nicht vollständig überdeckt, was beim Plattstich jedoch erforderlich ist.

Verschiedene Techniken in der fadengebundenen Stickerei

Platt- und Zierstickerei

Für die drei Deckchen auf den Fotos, die mit abzählbaren Stichen verziert sind, benötigen Sie:
35 cm weißes Siebleinen (7 Fäden = 1 cm²)
Vierfachgarn: Stärke 8 zum Besticken
Vierfachgarn: Stärke 20 zum Säumen.
Sie schneiden fadengerade drei quadratische Stücke vom Siebleinen, ca. 35 x 35 cm groß, zu. Sie knicken die Stoffteile Schnittkante auf Schnittkante liegend. Durch diesen senkrechten und waagerechten Knick ziehen Sie fadengerade ein farbiges Fädchen und bestimmen so die Stoffmitte. 6 cm von der Schnittkante beginnen Sie jeweils in der Stoffmitte eines Deckchens mit dem Sticken der abgezählten Zierstiche. Alle 4 Seiten eines Deckchens werden in einer Runde gestickt. Deshalb rechtzeitig die nächste Schnittkante (6 cm) abmessen, damit Sie die Reihen nicht zu lang sticken.

Das erste Deckchen ist im abgezählten Plattstich ausgeführt. Beginnen Sie 6 cm von der Schnittkante mit einem Plattstich fortlaufend über 3 Gewebefäden zu sticken. So erhalten Sie eine kleine Schnur, an der Sie linksseitig später den Saum befestigen. 10 Gewebefäden höher beginnen Sie in der markierten Mittellinie mit einem Plattstich in verschiedenen Längen. Der 1. Stich greift über 5 Gewebefäden senkrecht, es folgen Stiche über 4/3/2/1 und es geht wieder aufwärts bis über 5 Gewebefäden (siehe Zeichnung). So im Wechsel fortlaufend sticken, bis Sie zur Ecke kommen. Wenn Sie Schwierigkeiten mit der Eckbildung haben, ziehen Sie diagonal ein farbiges Fädchen von der Ecke ausgehend ein. Sticken Sie bis zum eingezogenen Fädchen, drehen die Arbeit und beginnen mit der letzten Stichlänge die nächste Reihe. Die Ecke muß evtl. mit kleineren Stichen noch ausgeglichen werden.

Das zweite Deckchen hat nur an der Saumkante einen Zierstich, und zwar einen umwickelten Steppstich (siehe Zeichnung).
Sie halten die Arbeit so, daß Sie von oben nach unten sticken. 6 cm von der Schnittkante sticken Sie 2 Steppstiche über jeweils 3 Gewebefäden. Unter diesen beiden Steppstichen weben Sie in 3 Runden eine kleine Rosette. Hierfür kommen Sie nach dem 2. Steppstich einen Gewebefaden tiefer und einen Gewebefaden nach links hoch und gehen mit der Nadel in 3 Runden unter den beiden Steppstichen her, stechen wieder durch den Stoff und kommen mit dem Stickfaden 3 Gewebefäden unterhalb des 2. Steppstiches aus, arbeiten 2 Steppstiche und wiederholen den Vorgang.

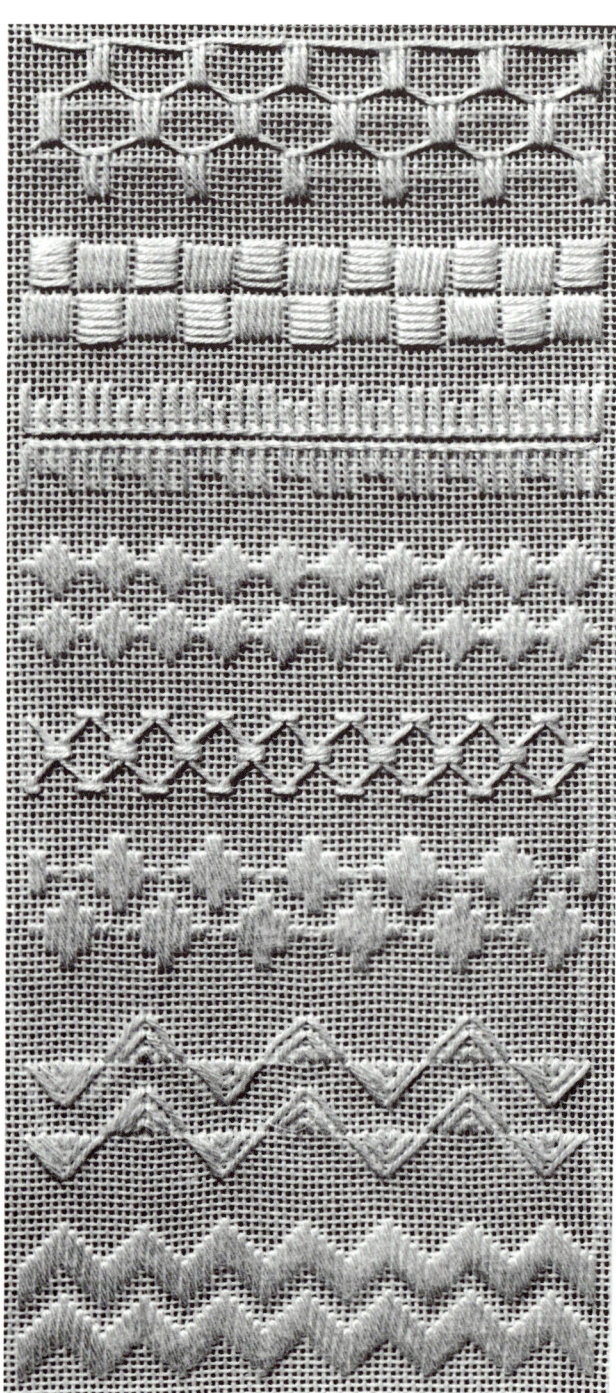

Stickproben von abgezählten Platt- und Zierstichen, die auch flächenfüllend angewendet werden können.

Deckchen in abgezähltem Plattstich

Deckchen mit umschlungenem Steppstich

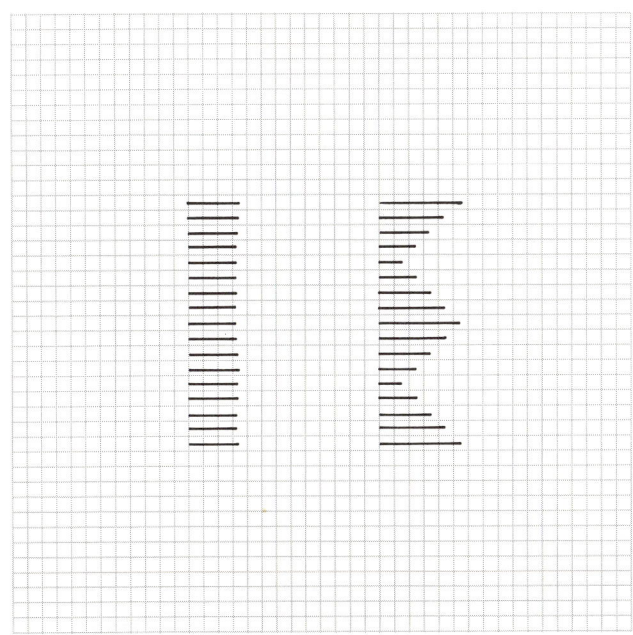

Abzählvorlage

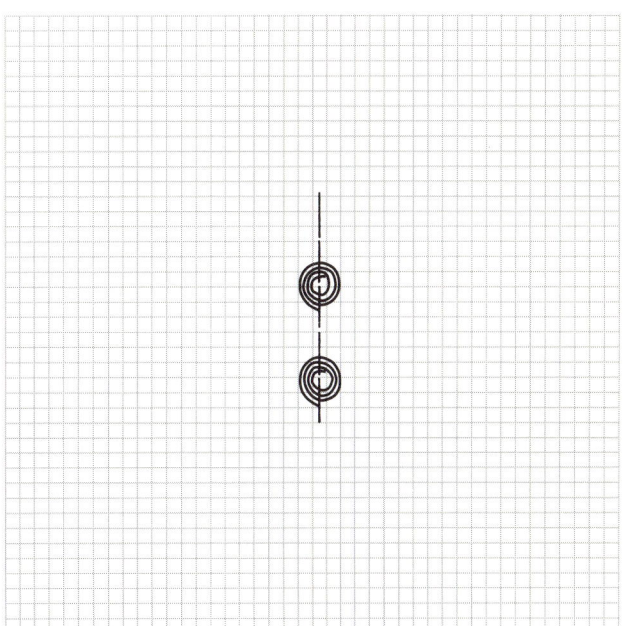

Umwickelter Steppstich

Deckchen mit Fangstichen

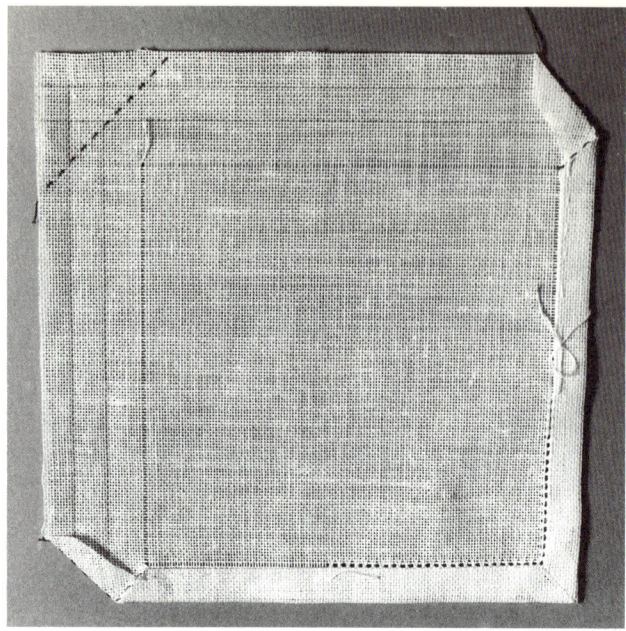

Eckbildung beim Säumen

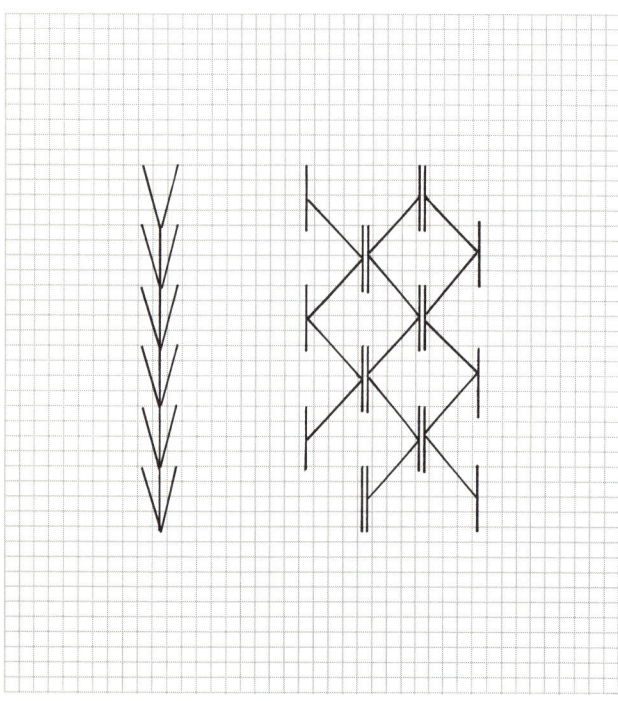

Fang- und Zackenstich

Das dritte Deckchen ist mit einem Fangstich und einem Zackenstich verziert (siehe Zeichnung).
Beim Fangstich liegt, wie beim Kettenstich, der Faden unter der Nadel und wird mit einem Stich aufgefangen. Bei diesem Deckchen greift er senkrecht über 4 Gewebefäden und wird mit einem Stich über 4 Gewebefäden aufgefangen. Jeweils einen Gewebefaden rechts und links vom überfangenden Stich beginnt der nächste Fangstich.
10 Gewebefäden über dem Fangstich sticken Sie 3 Reihen Zackenstiche zu einem flächenfüllenden Muster. Sie arbeiten die 1. Reihe waagerecht von links nach rechts. Beginnen Sie mit einem diagonalen Stich über 4 Gewebefäden im Quadrat nach rechts oben, stechen 2 Gewebefäden nach links aus, übersticken 4 Gewebefäden nach rechts, stechen 2 Gewebefäden nach links aus und sticken diagonal über 4 Gewebefäden im Quadrat nach rechts unten. Sie wiederholen den Vorgang fortlaufend zur Zackenreihe. Die 2. Reihe wird versetzt gestickt. Haben Sie 3 Reihen flächenfüllend gearbeitet, so sticken Sie das Muster (laut Abbildung) rechts und links hoch. Kontrollieren Sie den Abstand der Zackenreihen und fügen Sie spiegelgleich die durchlaufenden Zackenreihen an.

Fertigstellen der Handarbeit

Die Eckbildung der Deckchen ist auch für Decken in anderen Größen anzuwenden.
Mit einem Zentimetermaß messen Sie die vier Kanten eines Deckchens von Schnittkante bis Stickereirand, nehmen das niedrigste Maß einer Kante und schneiden die drei anderen Kanten auf gleiches Maß ab.
Knicken Sie knapp ein Drittel des Saumes für den Einschlag ein und bügeln unter Druck den Knick ein. Die vier Spitzen der Ecken bis zum Saumrand knicken und ein farbiges Fädchen durch den schrägen Knick mit kleinen Stichen reihen. Klappen Sie die Ecken zurück und schneiden ca. 1/2 cm vom eingezogenen Faden die Spitzen ab. Nun knicken Sie den Einschlag zum späteren Saum, stecken ihn mit Stecknadeln fest und reihen ihn an.
Mit einem Vierfachfaden der Stärke 20 und einer spitzen Nadel nähen Sie die Ecken mit einer Hohlnaht gegeneinander.
Bei den Deckchen wird nun vorsichtig der Saum an den Stickrand genäht.
Nach dem Bügeln Reihfäden entfernen und von links den Saum noch einmal überbügeln.

Platt- und Zierstiche

Zug- oder Ajourstickerei

Ein Sprichwort sagt: Ein liebes Kind hat viele Namen.
Dies trifft auch bei der beliebten Ajourstickerei zu.
Persisch Ajour heißt diese Stickerei, weil sie auch in Persien beheimatet ist.
Wegen des festen Anziehens des Stickfadens wird diese Stickerei in der Schweiz Zugstickerei genannt.
Von der Dresdner Spitze erhielt sie den Namen Spitzenstickerei.
Je lockerer das Gewebe, desto besser lassen sich die Gewebefäden zusammenziehen.
Wichtig ist, daß der Stoff nicht zu stramm in einen Handstickrahmen eingespannt wird.
Es gibt viele Ajourstiche. Aber es können immer noch neue erdacht und ausprobiert werden.
Abgezählte Plattstiche über 3 oder 4 Gewebefäden – fest angezogen – werden zum Wickelstich. Kästchenajour ist ein fest angezogener Kästchenstich. Beide Stickstiche können kombiniert angewandt werden (siehe Zeichnung).

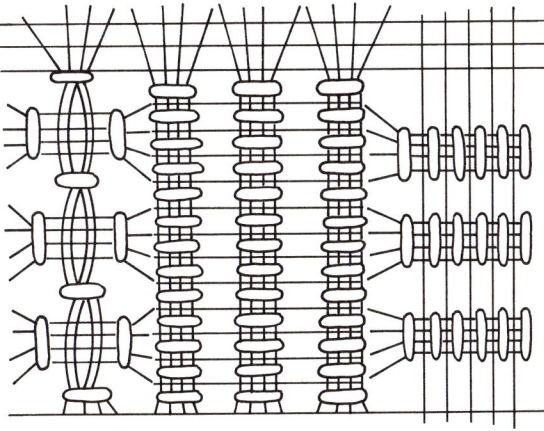

Wickelstich und Kästchenajour kombiniert

Stickproben von Ajourstichen. Die Borten können auch flächenfüllend gestickt werden.

Schnell angefertigte Deckchen in Ajourstickerei

Für die abgebildeten Deckchen brauchen Sie:
35 cm Siebleinen (8 Fäden = 1 cm²)
Vierfachgarn: Stärke 12
Sticknadel ohne Spitze: Stärke 22
einen kleinen Handstickrahmen
Durch Knicken der Deckchen jeweils die Stoffmitte finden und mit einem Reihfaden im senkrechten und waagerechten Fadenverlauf die Mitte markieren.
Zum Sticken die Arbeit locker in einen Handrahmen spannen.

Deckchen in Wickelajour

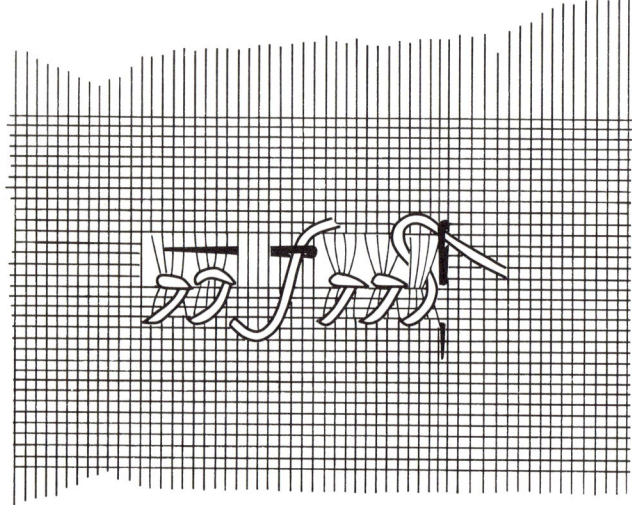

Hohlnaht zum Sichern der Deckchenränder

Das Sichern der Deckchenränder

Gleichmäßig alle 4 Seiten vom Schnittrand bis Stickrand abmessen und nach kürzester Seite beischneiden. 12 Fäden vom Stickrand den 13. Faden ausziehen und die Deckchen in der Fadenrinne mit einer Hohlnaht (siehe Zeichnung) sichern. Danach für die Fransen alle Fäden von Schnittkante bis Hohlsaumrand ausziehen.
Die Hohlnaht ist ein Element der Durchbruchtechnik: Durch Ausziehen von Gewebefäden klargelegte Fadengruppe oder -bahn, die mit Hohlnahtstichen oder anderen Zierstichen befestigt, umschlungen oder durchstopft ist. Hat die Fadenbahn an einer Kante einen mitgefaßten Saumeinschlag, bezeichnet man die Arbeit als „Hohlsaum".

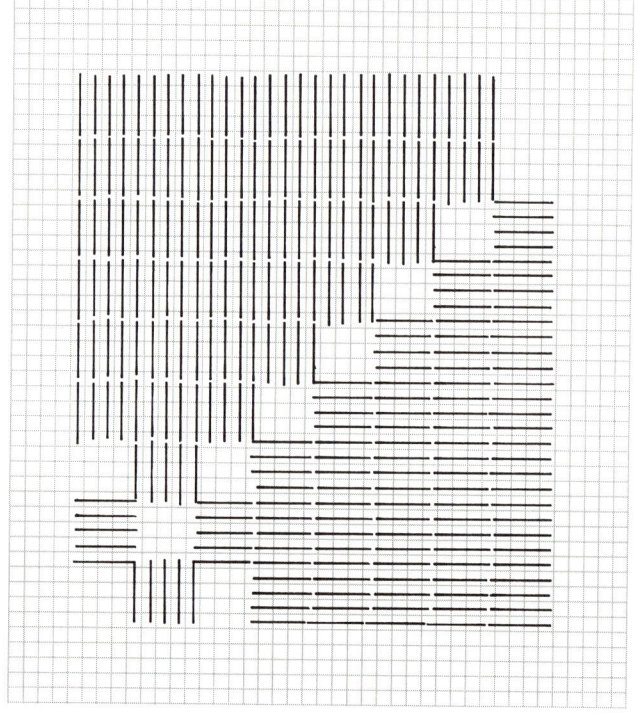

Abzählvorlage, Wickelajour

Deckchen in Wickelajour

Vernähen Sie den Faden 6 cm von der Stoffmitte und sticken darüber den Beginn der Wickelstiche über 4 Gewebefäden. Bei jedem Stich stramm anziehen. Nach 29 Wickelstichen die nächste Reihe arbeiten. Es wird in hin- und hergehenden Reihen bis zur Ecke gestickt (siehe Zeichnung). Nach dem Zählmuster bilden Sie die Ecke. Fadenenden können Sie auf der Rückseite unter den Wickelstichen vernähen.

Deckchen mit Sternstich und Wickelajour

Deckchen mit wechselndem Wickelstich

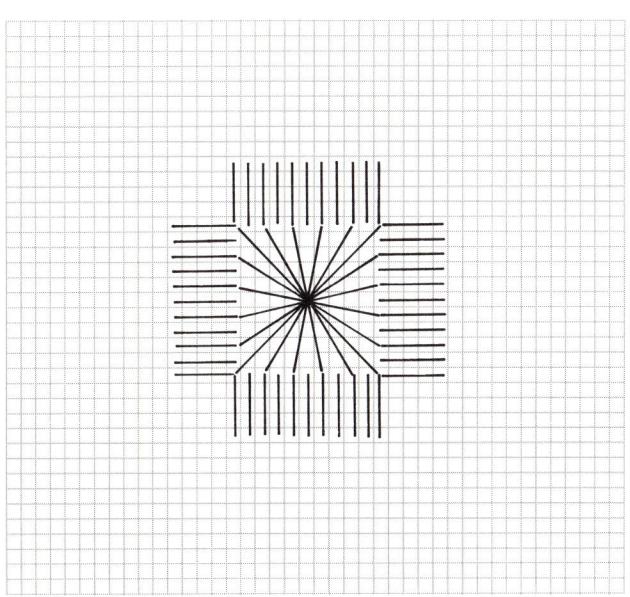

Sternstich und Wickelajour

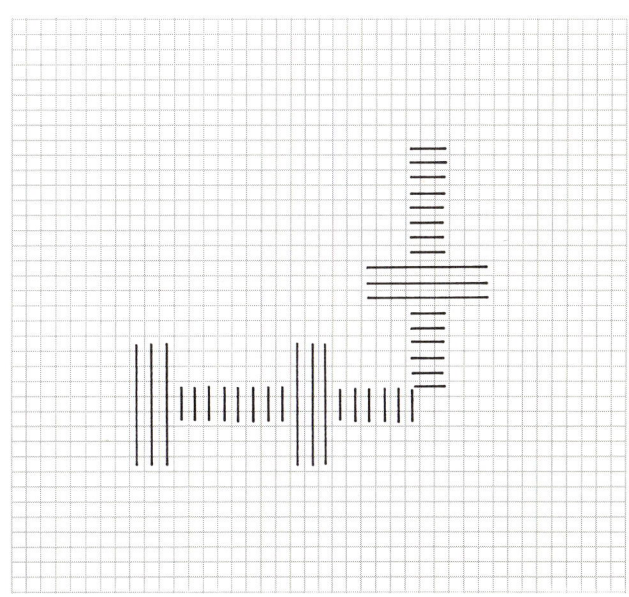

Wechselnde Wickelstiche

Deckchen mit Sternstich und Wickelajour

In der Mitte des Deckchens mit einem Sternstich über 10 Gewebefäden im Quadrat beginnen. Den Anfang des Stickfadens 10 cm lang hängenlassen und später, vor Beginn des Wickelajours, vernähen.
Den Sternstich sticken Sie über 5 Gewebefäden zur Mitte hin. Bei jedem Stich gehen Sie kreisförmig 2 Gewebefäden weiter und ziehen gleichmäßig stark an. Mit 20 Stickstichen haben Sie ein Quadrat von 10 Gewebefäden umstickt (siehe Zeichnung).
Danach folgt eine Runde Wickelstich über 4 Gewebefäden. Nach Abbildung, oder beliebig, den Sternstich mit Wickelajour wiederholen.

Deckchen mit wechselndem Wickelstich

Dieses Deckchen ist besonders schnell gearbeitet.
Beginnen Sie 8 cm von der Mitte des Deckchens mit 3 Wickelstichen über 8 Gewebefäden. Es folgen 8 Wickelstiche über 2 Gewebefäden. So im Wechsel bis zur Ecke und nach Zeichnung weiter arbeiten.

Mustertuch in Ajourstickerei

Einteilung des Stoffes in 9 Felder

Mustertuch in Ajourstickerei

Ein kleines Mustertuch in Ajourstickerei kann, zwischen zwei Acrylglasscheiben gelegt, als Fensterbild, oder auf einen dunkleren Hintergrund gelegt und eingerahmt, als Wandbild hübsch aussehen.
Sie benötigen hierfür:
30 cm feines Siebleinen (11 Fäden = 1 cm^2)
Vierfachstickgarn: Stärke 16
Sticknadel ohne Spitze: Stärke 24
Handstickrahmen
Nun teilen Sie das Mustertuch in 9 Quadrate ein, indem Sie jedes Quadrat mit einem Wickelstich über 4 Gewebefäden umranden. Zwischen jeweils 49 Wickelstichen, senkrecht und waagerecht gestickt, liegen 48 Gewebefäden im Quadrat. 3 Gewebefäden Abstand sind jeweils von Quadrat zu Quadrat (siehe Zeichnung).

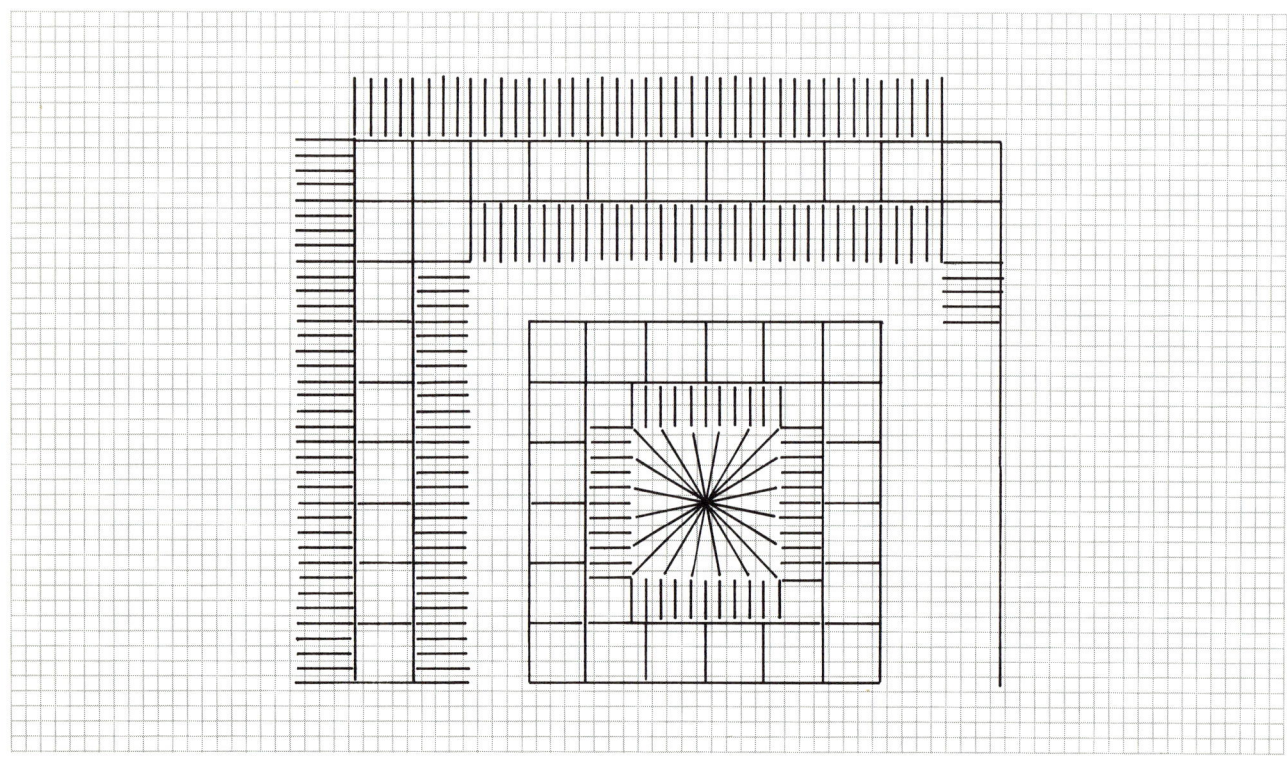

Stickbeginn: Abzählvorlage Quadrat 5 (Mittleres Quadrat)

Mittleres Quadrat: Sternstich, Wickelstich, Kästchenstich

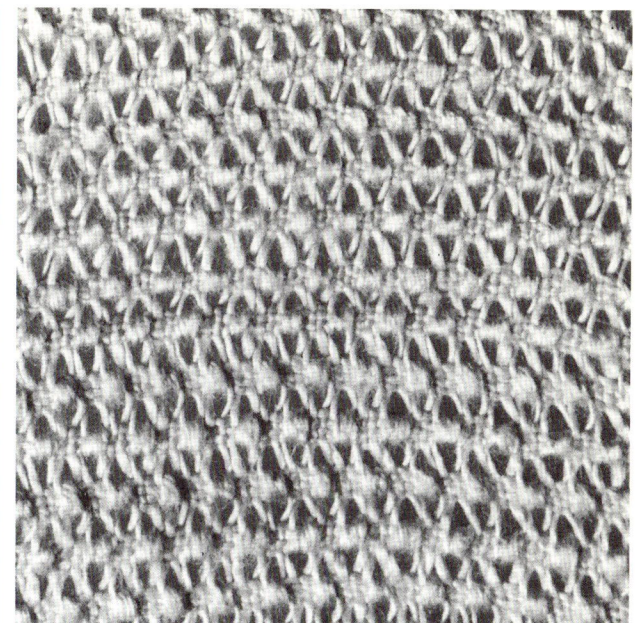

1. Quadrat: Wickelstich

Stickbeginn des Mustertuches
(siehe Zeichnung: Quadrat 5)

Beginnen Sie das Stickmustertuch in der Mitte des mittleren Quadrates. Sticken Sie über 5 Gewebefäden zur Mitte hin kreisförmig einen Sternstich. Nach jedem Stich gehen Sie 2 Gewebefäden weiter und ziehen gleichmäßig stark den Stickfaden an, um ein kreisrundes Loch zu erhalten. Mit 20 Stickstichen haben Sie ein Quadrat von 10 Gewebefäden umstickt. Es folgen eine Runde Wickelstich über 3 Gewebefäden, eine Runde Kästchenajour über 4 Gewebefäden. Danach überspringen Sie 4 Gewebefäden und arbeiten 2 Runden Wickelstich über jeweils 4 Gewebefäden. Zwischen den letzten beiden Runden bleiben 4 Gewebefäden liegen. Hier zwischen arbeiten Sie noch einmal einen Kästchenstich.

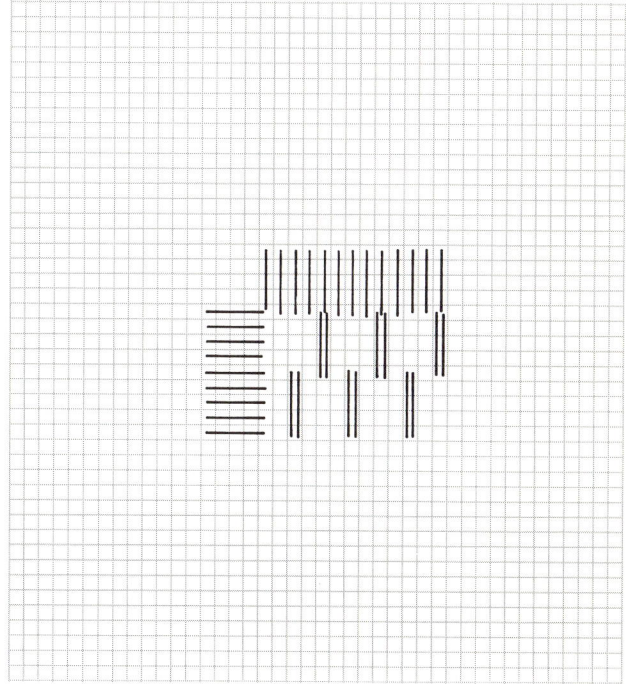

Quadrat 1

Quadrat 1 ist mit einem leicht auszuführenden Spitzenstich gefüllt (siehe Zeichnung).
Sticken Sie 2 Wickelstiche übereinanderliegend, über 4 Gewebefäden senkrecht. Unter der Arbeit gehen Sie diagonal 4 Gewebefäden weiter und sticken wieder 2 Wickelstiche, bis ans Ende der Reihe.
Folgende Reihen versetzt arbeiten, d.h. der doppelte Wickelstich teilt die 4 liegengebliebenen Gewebefäden aus der Vorreihe.

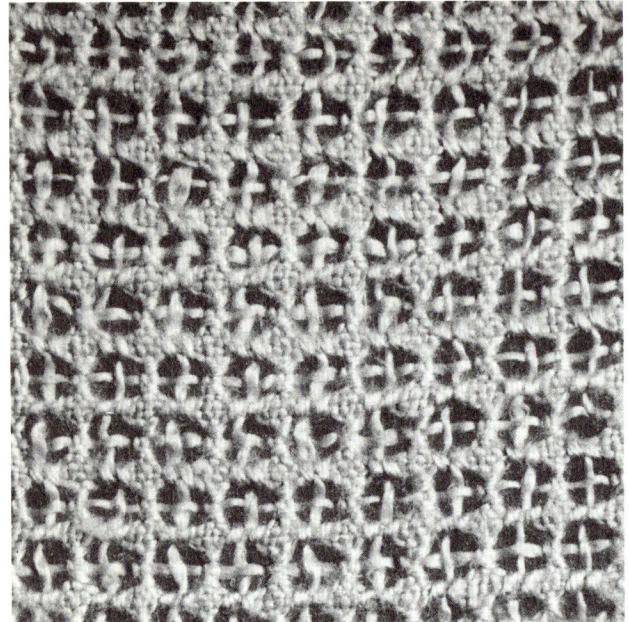

2. Quadrat: Kästchenstich

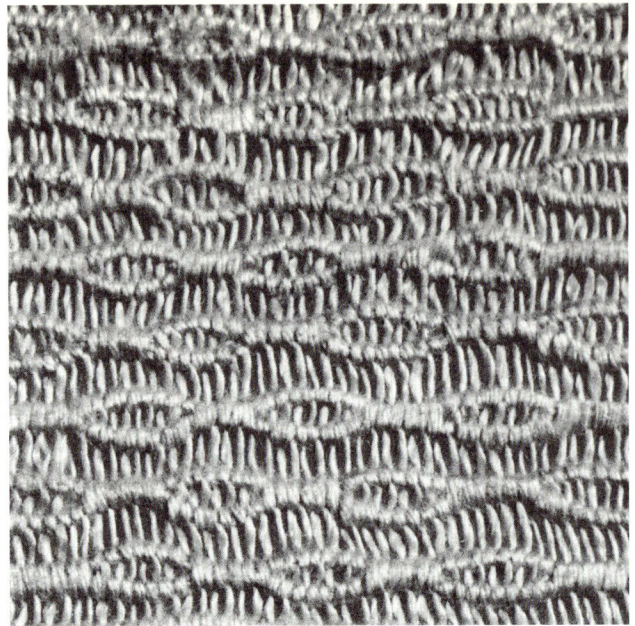

3. Quadrat: gespaltener Wickelstich

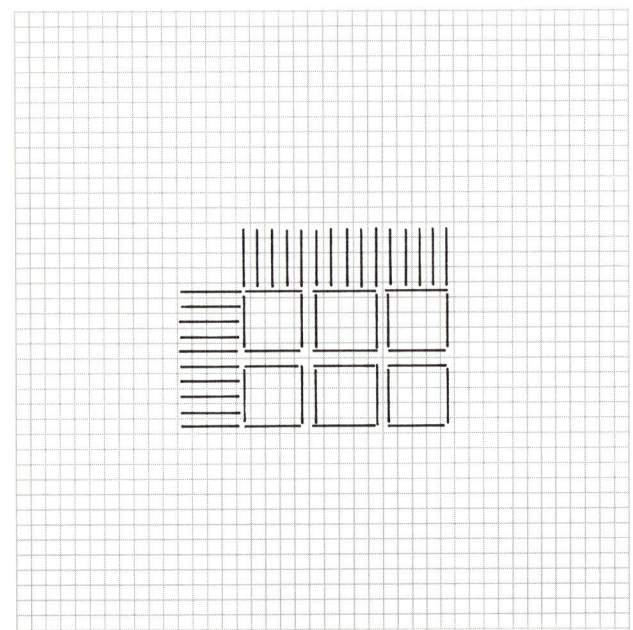

Quadrat 2

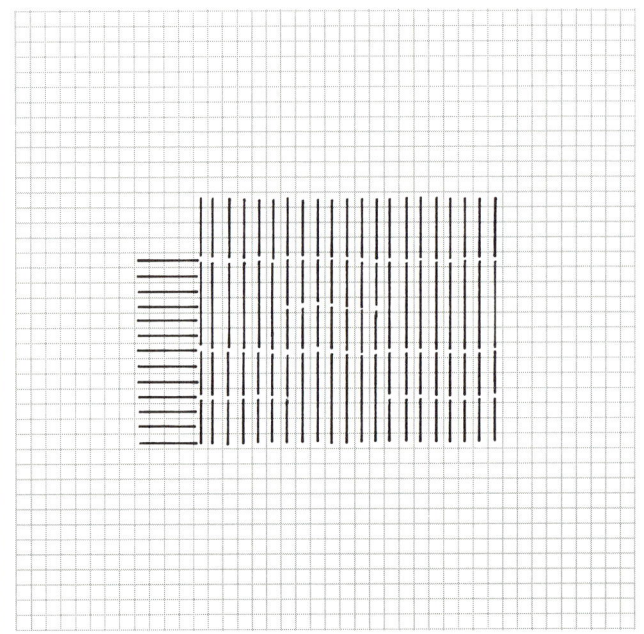

Quadrat 3

Quadrat 2 ist mit einem Kästchenstich über 4 Gewebefäden gefüllt. Jedoch bleiben zwischen jedem Kästchenstich und jeder Kästchenreihe je ein Gewebefaden liegen (siehe Zeichnung).

Quadrat 3 (siehe Zeichnung) ist mit dem gespaltenen Wickelstich gefüllt. Hierfür sticken Sie in der ersten Reihe 7 Wickelstiche über 6 Gewebefäden, es folgen 7 Wickelstiche über 3 Gewebefäden. Hinter der Arbeit stechen Sie 6 Gewebefäden zurück und arbeiten 7 Stiche über die 3 liegengebliebenen Gewebefäden. Der unter der Arbeit liegende Stickfaden wird mit umwickelt. Nun wieder mit 7 Wickelstichen beginnen. Die folgenden Reihen versetzt arbeiten.

4. Quadrat: Kästchen in Schattenstickerei

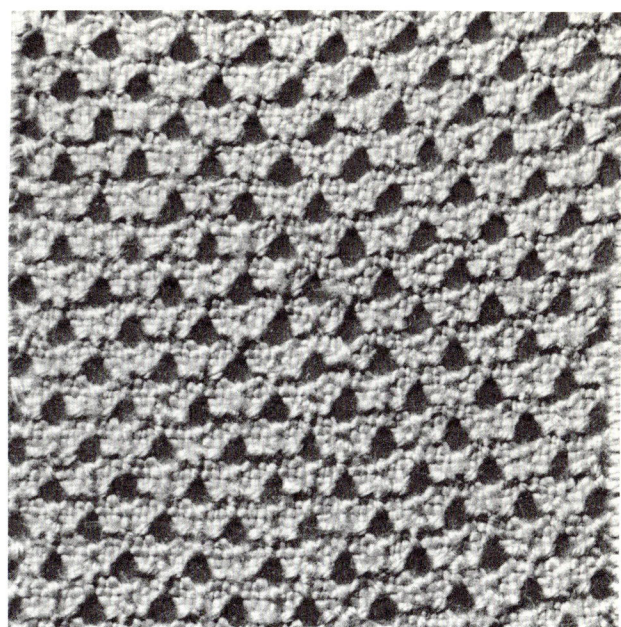

6. Quadrat: Röschenstich

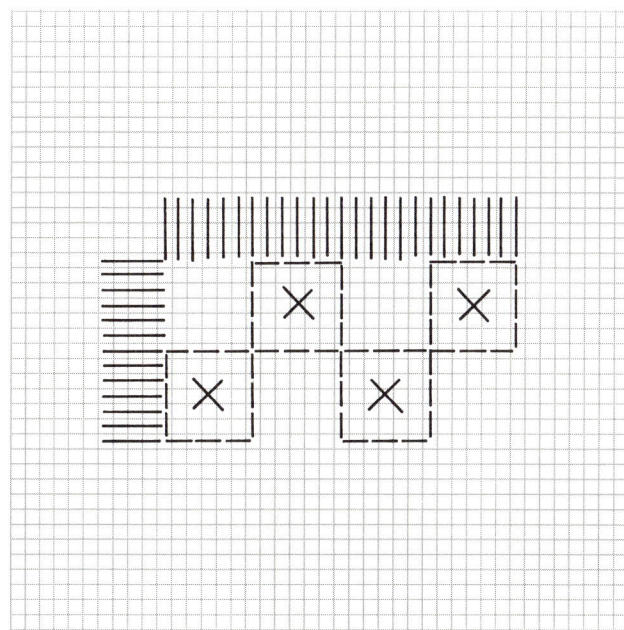

Quadrat 4

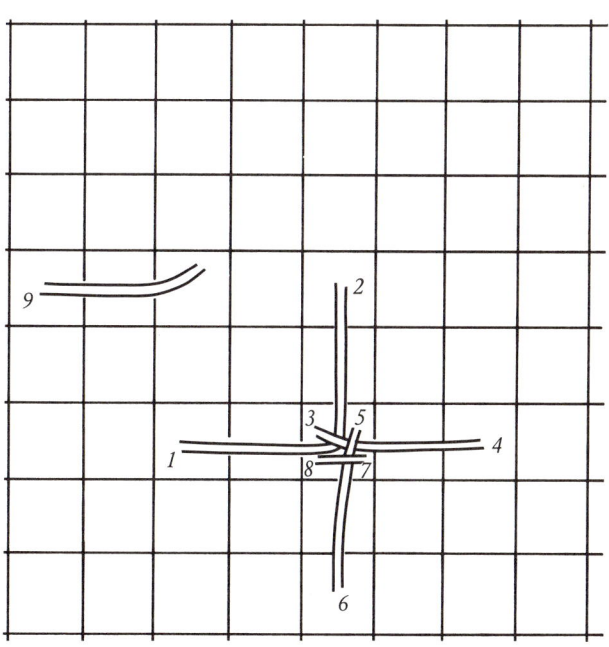

*Der Röschenstich zu Quadrat 6:
man arbeitet von rechts unten nach links oben, Beginn bei 1 und 9*

Kästchen in Schattenstickerei versetzt angeordnet füllen das Quadrat 4 (siehe Zeichnung).
Jedes Kästchen ist über 6 Gewebefäden gestickt. Beginnen Sie jedes Kästchen in der Mitte mit einem Kreuzstich über 2 Gewebefäden. Dann umkreisen Sie jedes Kästchen in hin- und hergehenden Rückstichen über 2 Gewebefäden.
Unter den schrägliegenden Unterstichen führen Sie die Nadel zum nächsten Kästchen und beginnen wieder in der Mitte mit einem Kreuzstich.

Der Röschenstich im Quadrat 6 (siehe Zeichnung) wird in Schrägreihen gearbeitet, und zwar von unten rechts nach oben links. Über 4 Gewebefäden arbeiten Sie 3 Festonstiche zur Mitte hin. Sticken Sie nach der Zeichnung und genauen Beschreibung:
Bei 1 kommen Sie mit der Nadel hoch,
stechen bei 2 ein, kommen bei 3 hoch,
stechen bei 4 ein, kommen bei 5 hoch,
stechen bei 6 ein, kommen bei 7 hoch,
stechen bei 8 ein, kommen bei 9 hoch.
9 ist Stickanfang 1

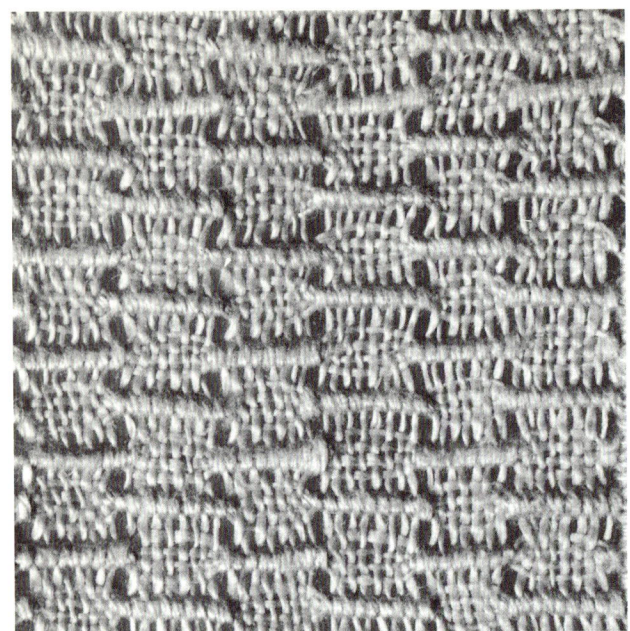

7. Quadrat: unterbrochener Wickelstich

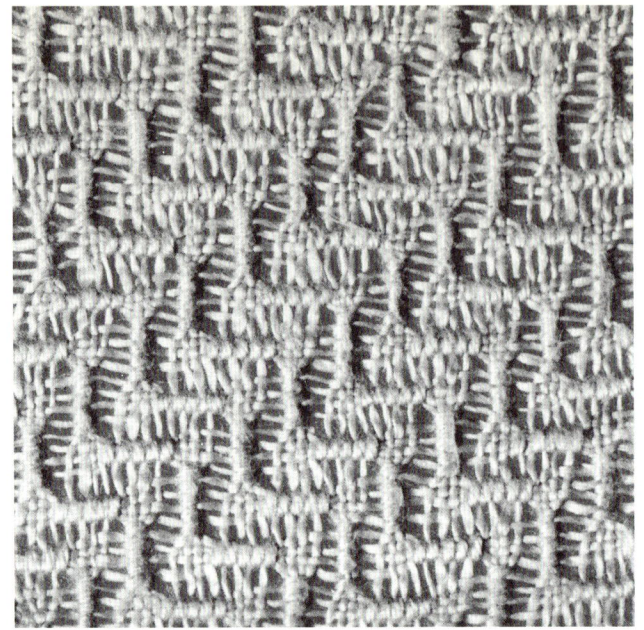

8. Quadrat: Zickzackwickelstich

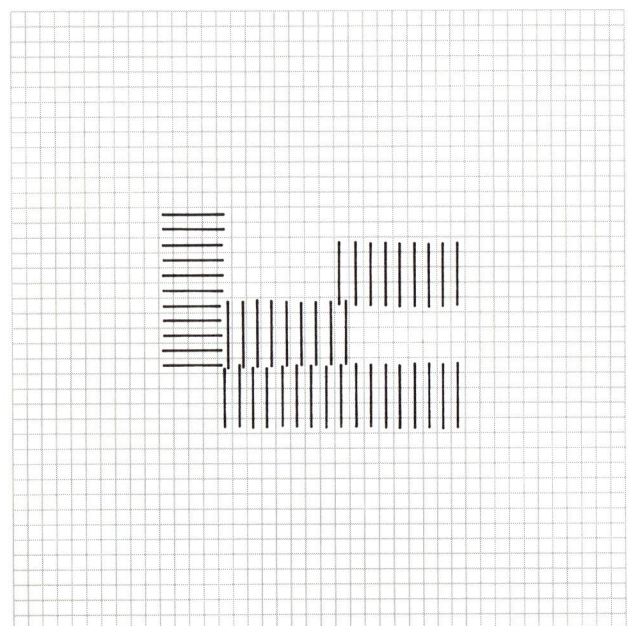

Quadrat 7

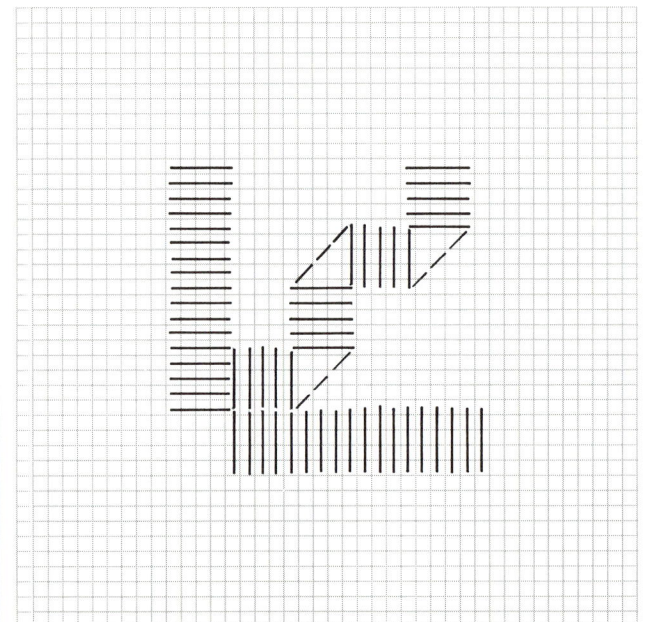

Quadrat 8

Quadrat 7 ist mit einem unterbrochenen Wickelstich gefüllt. Hierfür sticken Sie 9 Wickelstiche über 4 Gewebefäden, überspringen 8 Gewebefäden, indem Sie mit einem langen Schrägstich unter der Arbeit weitergehen und beginnen wieder mit 9 Wickelstichen. Alle folgenden Reihen sind im Wechsel gearbeitet (siehe Zeichnung).

Ein Zickzackwickelstich ist im Quadrat 8 (siehe Zeichnung) eingearbeitet. Er wird in Schrägreihen ausgeführt. Über 4 Gewebefäden führen Sie 5 Wickelstiche aus und gehen mit einem Schrägstich unter 4 Gewebefäden weiter. Drehen Sie die Arbeit um 180 Grad und arbeiten Sie wieder 5 Wickelstiche.

9. Quadrat: Waffelstich

Mäusezäckchen als Abschlußkante

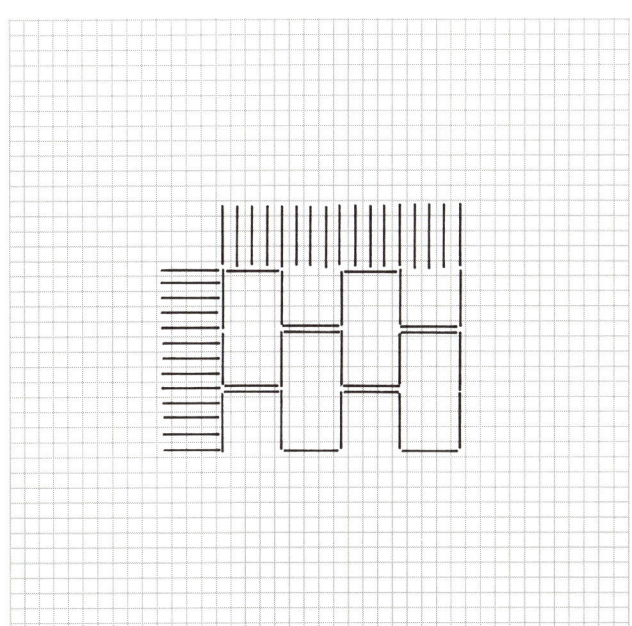

Letztes Quadrat des Mustertuches in Ajourstickerei (9)

Fertigstellen des Mustertuches mit einem Mäusezäckchen
(siehe Zeichnung)

Im Abstand von 7 Gewebefäden zu den gestickten Quadraten arbeiten Sie einen doppelten Steppstich über 4 Gewebefäden, danach knicken Sie den Stoff in der Steppstichreihe zurück. Über diese Bruchlinie sticken Sie einen dreiseitigen Kästchenstich, den Sie mit doppelten Stichen ausführen und stramm anziehen.
Zum Schluß schneiden Sie den überstehenden Stoff von der linken Seite ab.

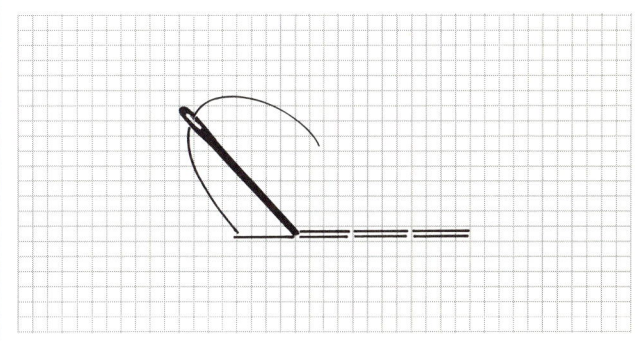

a

b

Mäusezäckchen als Abschlußkante des Mustertuches in Ajourstickerei

Das letzte, Quadrat 9, erhält einen Waffelstich. Dieser Stich wird in Querreihen gearbeitet, die versetzt untereinander liegen (siehe Zeichnung). Sie sticken über 4 Gewebefäden einen senkrechten Stich und stechen unter 4 Gewebefäden waagerecht, umschlingen diese Gewebefäden einmal und ziehen fest an. Der Stickfaden liegt wieder auf der Vorderseite. Sticken Sie wieder einen senkrechten Stich über den Stoff. Dann folgt wieder der umschlungene Stich.
Alle folgenden Reihen sticken Sie versetzt, dicht an die zuletzt gearbeitete Reihe, so daß die umschlungenen Stiche übereinander liegen.

Stickproben von Hohlnähten in Verbindung mit Zierstichen

Hohlsäume und Hohlnähte

Hohlnähte und Hohlsäume in einer Richtung gearbeitet gehören zu den einfachen Durchbrüchen.
Eine Gewebekante kann mit Hohlnaht gesichert und ausgefranst oder mit einem Hohlsaum gesäumt werden (siehe Zeichnung auf Seite 14).
Stoffe in Leinenbindung, nicht zu fest gewebt, sind hierfür am besten geeignet.
Zum Nähen oder Sticken der Hohlsäume nimmt man starkes Garn, wie feines Perlgarn Stärke 8 oder Vierfachgarn der Stärke des Stoffes entsprechend.
Gestickt wird mit einer Nadel ohne Spitze.
Wenn Sie eine Decke mit Hohlsaumstichen säumen, so erhält sie einen handwerklichen Charakter.
Möchten Sie z.B. einen 2 cm breiten fertigen Saum erhalten, so messen Sie 6 cm von der Schnittkante zur Stoffmitte ab, heben mit der Nadel einen waagerecht liegenden Gewebefaden hoch und schneiden ihn durch. Den angeschnittenen Faden ziehen Sie stückchenweise bis 6 cm zur nächsten Schnittkante aus. Von dieser Schnittkante wird wieder bis zum Kreuzungspunkt ein Gewebefaden ausgezogen. Schneiden Sie die Fäden bis auf 2 cm ab und legen diese später in den Saum.

Die diagonal gegenüberliegende Ecke wird genau so vorbereitet. Danach können Sie die restlichen angeschnittenen Fäden bis zu den beiden anderen Kreuzungspunkten ausziehen.
Der Saum wird, wie unter „Fertigstellen der Handarbeit" beschrieben, vorbereitet und unterhalb des ausgezogenen Fadens (Fadenrinne) angereiht. Säumen Sie die Decke von links nach rechts gehend mit dem Hohlsaumstich. Für den Hohlsaum stechen Sie durch die Saumkante, führen die Nadel unter 3 oder 4 Gewebefäden nach links, kommen mit der Nadel hoch und stechen, etwas nach rechts gehend, nur durch die Saumkante des Stoffes. Den Faden anziehen und den Vorgang wiederholen.

Erbslochhohlsaum

Der Saum einer Decke kann mit einem Erbslochhohlsaum hübsch verziert werden.
Bei einer kleineren Decke schneiden Sie, 8 cm von den Schnittkanten des Stoffes gemessen, je einen Gewebefaden durch. Ziehen Sie diese angeschnittenen Fäden bis zu den Kreuzungspunkten in den Ecken aus. Zur Schnittkante des Stoffes hin zählen Sie 4 Gewebefäden ab und ziehen den nächsten Faden aus. Nach 6 Gewebefäden ziehen Sie jeweils noch einen und nach 4 Gewebefäden den letzten Faden aus, aber immer nur bis zu den Kreuzungspunkten in den vier Ecken.
Die Ecken werden mit einem Festonstich gesichert.
Über die 4 liegengebliebenen Fäden arbeiten Sie in zwei Runden einen Kästchenstich.
Die 6 dazwischenliegenden Gewebefäden können Sie bis zum gesicherten Festonrand ausziehen und abschneiden.
Von der linken Seite des Stoffes bündeln Sie nun die entstandenen Stege zum Erbslochhohlsaum. Den Endfaden können Sie unter den Kreuzchen vernähen. Mit 2 Stichen den ersten Steg umwickeln, beide Stege mit einem Schlingstich zusammenfassen und beim zweiten Steg mit 2 Wickelstichen wieder zum Kästchenrand kommen, unter 2 Kreuzchen weiter gehen und den Vorgang wiederholen.
An den vier Ecken können Sie mit Webstichen eine Spinne einarbeiten.
Der Saum wird mit Hohlsaumstichen am unteren Kästchenrand befestigt.

Erbslochhohlsaum an einer Decke

Hardangerstickerei, Arbeitsproben

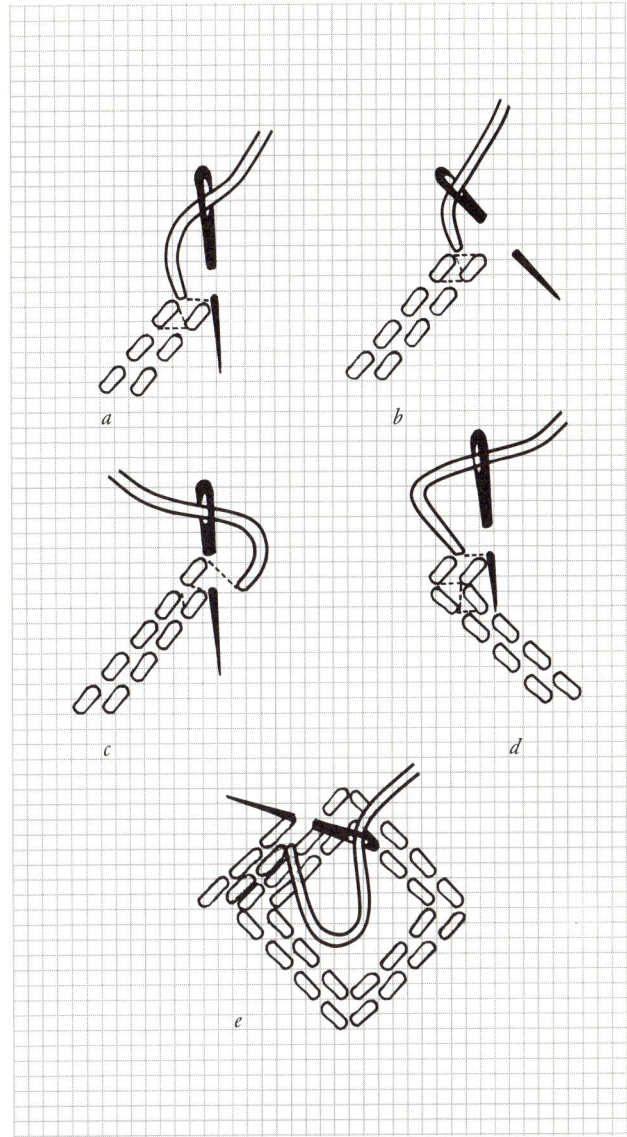

Arbeitsgänge für den linken Maschenstich in der Hardangerstickerei

Hardangerstickerei

Die Hardangerstickerei gehört zu den doppelten Durchbrüchen. Es werden Gewebefäden in beiden Richtungen ausgezogen.

Ihren Namen erhielt die Stickerei vom Hardanger-Fjord, wo diese Sticktechnik entwickelt und bis zum heutigen Tage an Tisch- und Bettwäsche, in der Tracht, an Blusen und Schürzen noch Tradition hat.

Das typische Aussehen der Hardangerstickerei entsteht durch das rechtwinkelige Sticken der Muster.

Gestickt wird auf abzählbarem Gewebe in Leinen- oder Panamabindung. Kett- und Schußfäden müssen quadratisch miteinander verwebt sein. Das Stickgarn wird in der Stärke dem Gewebe angepaßt. Die Plattstiche werden in der Regel mit stärkerem Garn ausgeführt, die Stege mit dünnerem Stickgarn. Gestickt wird mit Nadeln ohne Spitze. In einen Handstickrahmen wird das Werkstück, nicht zu straff, eingespannt. Da die Motive in der Hardangerstickerei spiegelgleich gestickt werden, zieht man zur Kontrolle des Stickvorgangs Hilfsfäden ein, und zwar fadengerade waagerecht und senkrecht durch die Mitte des Werkstückes. Bei einer quadratischen Arbeit, von der Mitte ausgehend, zusätzlich – diagonal zu den vier Ecken – einen Hilfsfaden einziehen. Nur so kann man beim Sticken der Platt- und Zierstiche kontrollieren, ob richtig abgezählt wurde. Kennt man erst die Grundregeln in der Hardangerstickerei, so kann ein Muster von einer guten Abbildung oder von einem Modell leicht abgelesen werden.

Für die Arbeitsprobe benötigen Sie:
ein 20 x 30 cm großes Stück Baumwollstoff (7 Fäden = 1 cm²) in Panama- oder Leinenbindung
Perlgarn: Stärke 3 für die Plattstiche
Perlgarn: Stärke 5 für den linken Maschenstich
Perlgarn: Stärke 8 für die Stopfstege
Sticknadeln ohne Spitze in Stärke 20 und 22 und einen Handstickrahmen sowie eine kleine Schere, die an der Spitze gut schneidet.

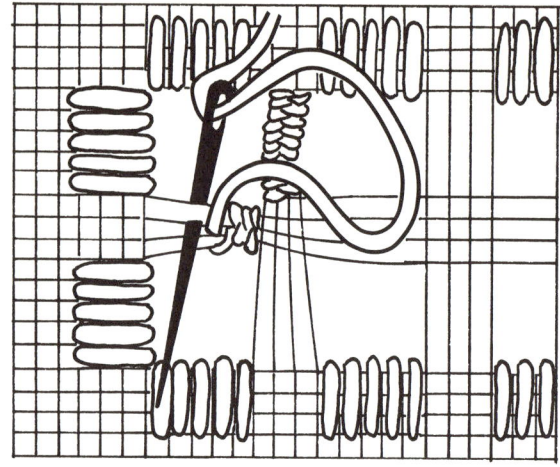

a

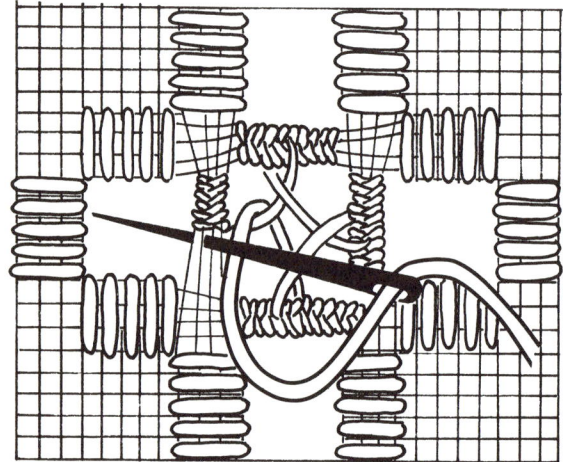

b

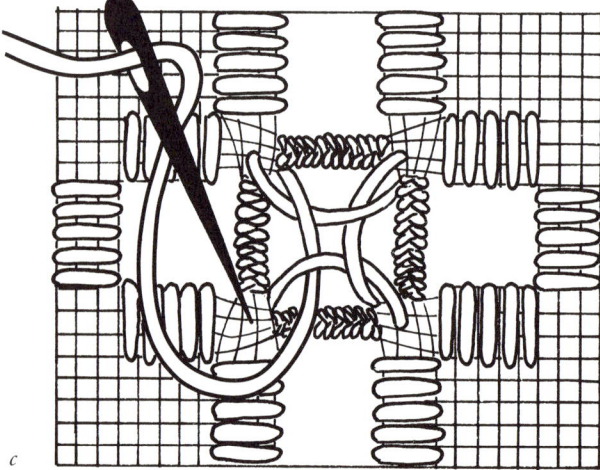

c

Stege und eingearbeitete Schlingen

Durch die Stoffmitte (Hochformat) reihen Sie fadengerade einen Hilfsfaden. In einen Handstickrahmen eingespannt beginnen Sie – 8 cm von der Schnittkante in der Stoffmitte – mit den Plattstichblöcken. Hierfür beginnen Sie mit einem senkrechten Stich über 4 Gewebefäden mit dem mittleren Plattstich und fügen noch 2 Plattstiche an, bevor Sie mit einem diagonalen Stich unter 4 Gewebefäden zum nächsten Plattstichblock gehen. Mit 5 Plattstichen werden jeweils 4 Gewebefäden gesichert. Wenn alle Plattstiche ausgeführt sind, können Sie die Gewebefäden dicht am Plattstichrand abschneiden und ausziehen.

4 Gewebefäden stehen jetzt locker zwischen den Plattstichblöcken, die nun mit Perlgarn Stärke 8 im Webstich gefestigt werden.

Für die Wickelösen legen Sie während des Webvorgangs in der Mitte des Steges eine Fadenschlinge, in die Sie zwei übereinander liegende Kettenstiche arbeiten.

Das diagonal stehende Quadrat ist im linken Maschenstich gearbeitet (siehe Zeichnung). Sie sticken zuerst den mittleren Stern aus Plattstichen, schneiden die sich gegenüberliegenden, gesicherten Fäden dicht am Plattstich ab und ziehen sie aus.

Die Mitte des Sterns ist mit Wickelstegen verziert. Von den 10 liegenden Gewebefäden umwickeln Sie die äußeren 2 Gewebefäden an allen vier Seiten. Dann umwickeln Sie die inneren 2 Gewebefäden, den letzten Steg nur bis zur Hälfte. Sie arbeiten kreisförmig einen Schlingstich in die drei fertigen Stege, gehen mit der Nadel unter dem ersten Schlingstich her und wickeln den letzten zu Ende.

In zwei aneinandergrenzenden Runden arbeiten Sie den linken Maschenstich zu einem diagonal stehenden Quadrat. 14 Gewebefäden vom linken mittleren Plattstichstern beginnen Sie mit einem Schrägstich über 2 Gewebefäden nach rechts, stechen 2 Gewebefäden tiefer (senkrecht) wieder aus, übersticken in einem Schrägstich 2 Gewebefäden nach rechts oben, stechen unter 2 Gewebefäden nach links (waagerecht) und beginnen wieder mit dem 1. Stich. Sie arbeiten so weiter, bis Sie zum mittleren eingezogenen Faden gekommen sind. Sie drehen den Stickrahmen um 90 Grad und sticken den 1. Stich als schrägen Rückstich über 2 Gewebefäden. Nun arbeiten Sie wie vorher weiter, bis die Runde geschlossen ist. 2 Gewebefäden nach rechts beginnen Sie mit der nächsten Runde im linken Maschenstich.

Mit Perlgarn Stärke 3 sticken Sie die Plattstiche der vier Blumen (siehe Zeichnung auf Seite 25). Die äußere Runde besteht aus 4 x 5 Plattstichen über 4/5/6/5/4 Gewebefäden. In die Blumen arbeiten Sie Sternstiche mit Perlgarn Stärke 8. Wie bei der Ajourstickerei ziehen Sie alle 16 Stiche fest an.

Für die untere Bordüre sticken Sie 9 Plattstiche über 4 Gewebefäden. Zwischen den Plattstichblöcken liegen jeweils 8 Gewebefäden. An den Ecken führen Sie die Nadel unter 8 Gewebefäden diagonal zum nächsten Plattstichblock. Ist die Plattstichrunde fertig, schneiden Sie jeweils die 8 gesicherten Gewebefäden dicht am Plattstichrand ab und ziehen sie aus. Mit Perlgarn Stärke 8 führen Sie über 4 Gewebefäden die Stege im Webstich aus. Von der Mitte des letzten Steges ausgehend, arbeiten Sie eine Schlingstichrunde ein und weben den Steg zu Ende (siehe Zeichnung).

Mustertuch in Hardangerstickerei

Deckchen in Hardangerstickerei

Das Deckchen in Hardanger-Technik ist in dem letzten Muster der zuvor beschriebenen Arbeitsprobe gestickt.

Die Hardangertechnik, auch Norwegische Durchbruchtechnik genannt, basiert auf streng quadratischer Einteilung des Musters durch in beiden Richtungen ausgezogene Fäden (Doppeldurchbruch).

Ein Mustertuch in Hardangerstickerei gibt Anregung zur eigenen Gestaltung. Mit einigen Abänderungen nach Ihrem Geschmack können Sie so ein Tuch nacharbeiten.

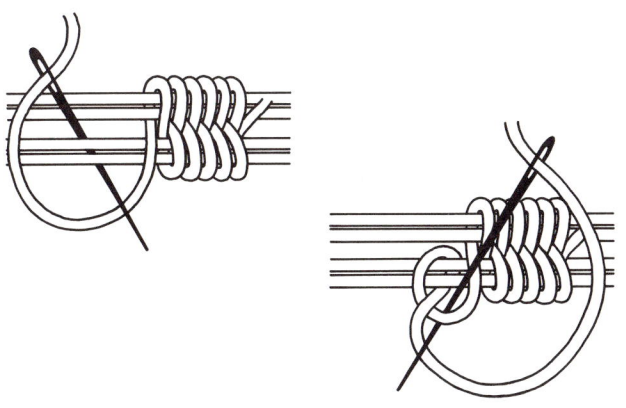

Bei der Wickelöse liegt in der Mitte des Steges eine Fadenschlinge, in die zwei übereinander liegende Kettenstiche eingearbeitet sind.

Abzählvorlage für die vier Blumen in der Hardangerstickerei (siehe Foto auf Seite 23)

Das nicht fadengebundene Sticken

Beim nicht fadengebundenen Sticken kann freier gearbeitet werden, da man nicht an den Gewebefäden gebunden ist. Weder Stiche noch Gewebefäden werden gezählt. Der Stoff dient als Träger der Stickerei.
Stickmuster werden durch Aufbügeln oder Zeichnen auf den Stoff übertragen.

Material und Werkzeug für das nicht fadengebundene Sticken

Ein geschlossenes Gewebe ist die Voraussetzung für die nicht fadengebundene Stickerei.
Damit die Weißstickerei gut gelingt und wir lange daran Freude haben, nehmen wir das beste Material, das uns hierfür zur Verfügung steht: Reinleinen, Halbleinen, Leinen- und Baumwollbatist.
Für die klassische Weißstickerei, wie Loch-, Richelieu-, und Hochstickerei, gibt es ein geschlossenes Leinen, Bielefelder-Leinen und Leinenbatist.
Für die Schattenstickerei muß der Stoff transparent sein. Feiner Leinen- oder Baumwollbatist ist hier das richtige Material.
An Stickgarn nehmen wir Sticktwist für die Schattenstickerei und zum Unterlegen der Hochstickerei. Sticktwist ist sechsfädig und läßt sich beliebig, bis auf einen Faden, teilen. Doch meistens wird die Weißstickerei mit dem haltbareren Vierfachgarn gestickt. Im Fachhandel gibt es das Garn in den Stärken 8 / 12 / 16 / 20 / 25 / 30. Das stärkste Garn hat die Bezeichnung 8 und das feinste Garn die Bezeichnung 30.
Die Sticknadel muß eine Spitze haben.
Es gibt eine spezielle Weißsticknadel, die wie eine Nähnadel aussieht. Sie hat jedoch ein größeres Öhr, um den Stickfaden zu schonen.
Ein Fingerschützer schont unseren linken Zeigefinger bei der Richelieu- und Locharbeit.
Ein Fingerhut schützt den mittleren Finger der rechten Hand.
Ein Stickrahmen ist für die Schattenstickerei und Hochstickerei wichtig. Gut ist ein Stickständer oder ein Stickrahmen, den man am Tisch befestigen kann. Beide Hände hat man dann zum Sticken frei.

Freie Stickstiche in der nicht fadengebundenen Stickerei

Im folgenden werden 14 Stickstiche vorgestellt, die zur Ausführung der in diesem Kapitel abgebildeten Handarbeiten notwendig sind.

Vorstich

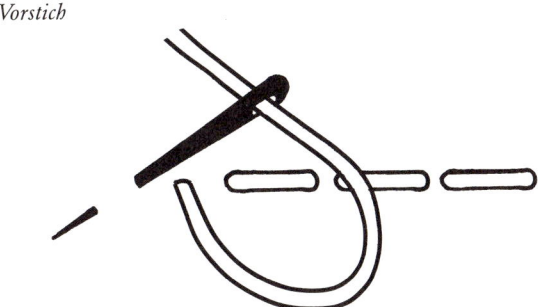

Der Vorstich ist ein denkbar einfacher Stich, der sich auf und ab bewegt. Seine Wirkung erhält er durch verschiedene Längen der Ober- und Unterstiche.

Stielstich

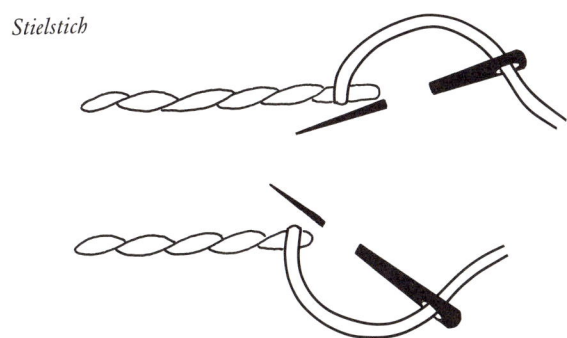

Beim Stielstich wird ein senkrechter oder waagerechter Stich auf die gezeichnete Linie gesetzt. Um die Hälfte des Stichs kommt die Nadel links dicht am ersten Stich hoch und der nächste Stielstich wird wie der erste auf die Linie gesetzt.

Spaltstich

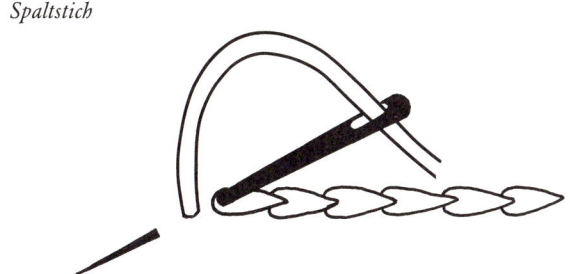

Beim Zurückstechen durch den Stoff und den aufgestickten Faden entsteht ein Spalt, der dem Spaltstich seinen Namen gibt.

Schattenstich

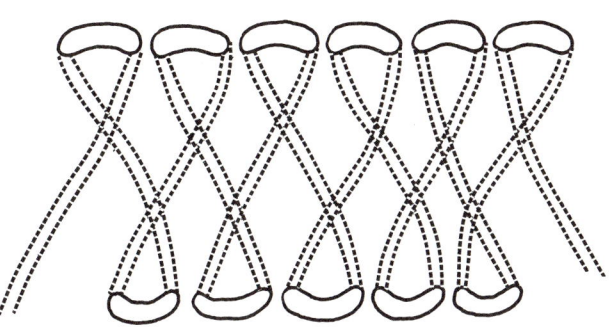

Die beim Schattenstich entstehende Schattenwirkung kommt durch die Verwendung transparenten Gewebes in Verbindung mit Fadenstärke und Stickdichte zustande.

Plattstich

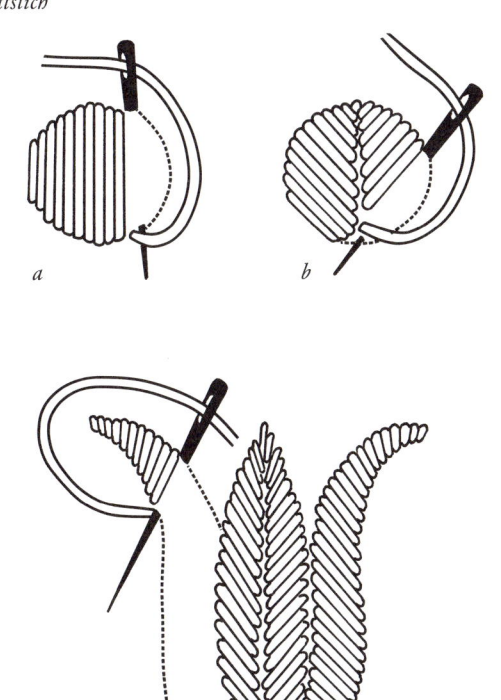

Der Plattstich wurde bereits im fadengebundenen Sticken vorgestellt. Auch für das nicht fadengebundene Sticken ist er unerläßlich. Auf Seite 35 „Kleine Blume..." ist das Übersticken eines Punktes in Plattstich genau beschrieben.

Spannstich

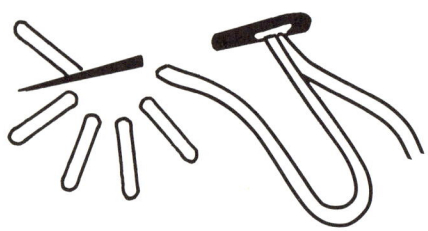

In beliebiger Länge und Lage wird der Spannstich zwischen Aus- und Einstichpunkt über den Stoff gespannt.

Knötchenstich

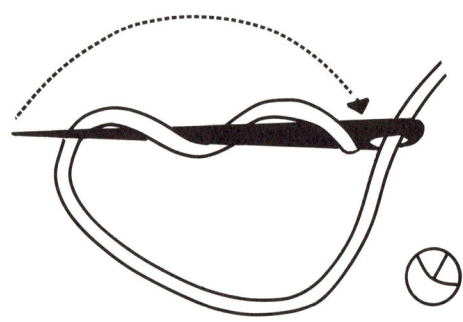

Knötchenstiche gehören im weitesten Sinne zur Gruppe der Schlingstiche. Das klassische Knötchen ist auf Seite 31 im Kapitel „Wolken aus Glasbatist" ausführlich beschrieben.

Festonstich

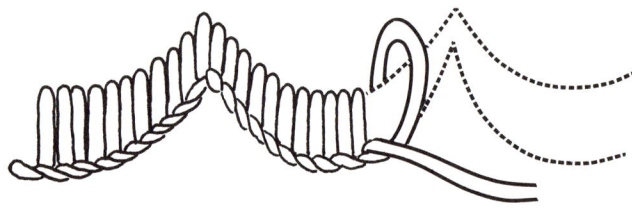

*Der Festonstich kann als Zierstich Verwendung finden. Bei der Richelieustickerei wird er dicht an dicht gestickt, um die Ausschnittränder zu sichern.
Auch beim Aussticken von Bogenrändern wird der Festonstich dicht an dicht gestickt.*

Schnürloch

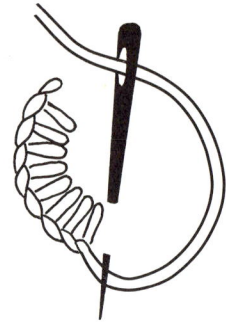

Beim Schnürloch wird von einer Einstichstelle aus eine dekorative Rosette angelegt. Die Verwendung ist recht vielseitig.

Kettenstich

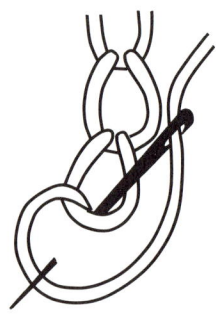

Ohne zunächst den Faden durchzuziehen, werden Ein- und Ausstich ausgeführt. Der hängende Faden wird unter die Nadelspitze gelegt, bevor man sie herauszieht. So entsteht eine Kette.

Makrameestich

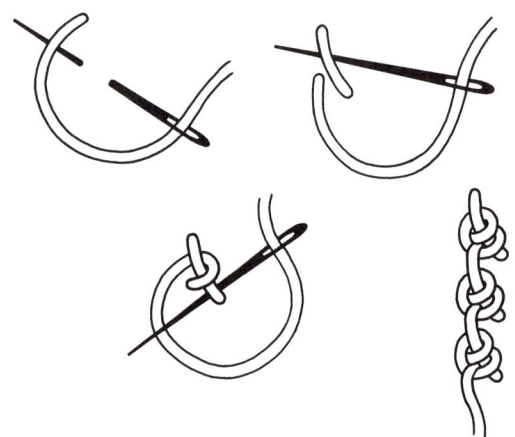

Der Makrameestich gehört zu den Knotenstichen, die aneinanderhängend auf einer Linie gestickt werden. Man arbeitet von oben nach unten.

Bäumchenstich

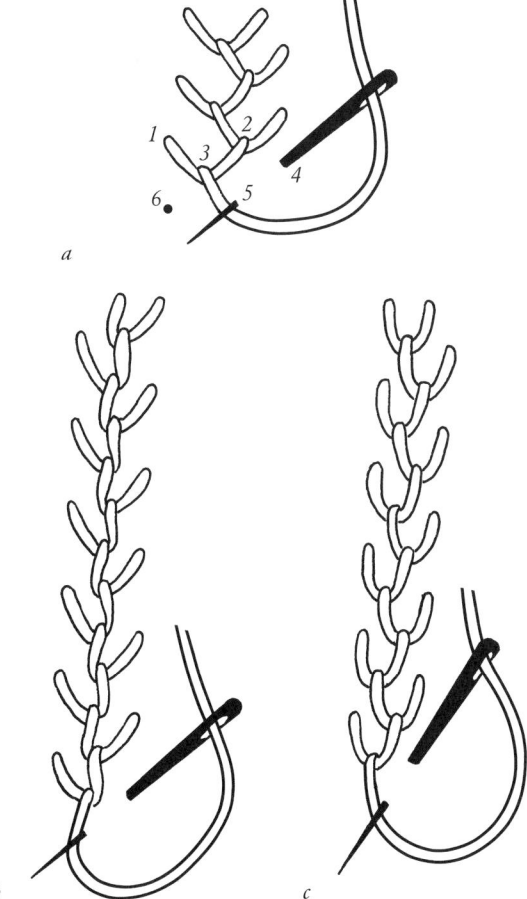

Sie kommen bei Punkt 1 mit dem Stickfaden nach oben, stechen bei Punkt 2 in den Stoff nach unten, lassen dabei den Stickfaden auf dem Stoff locker liegen, kommen bei Punkt 3 wieder hoch und legen den locker gespannten Faden unter die Nadel, stechen bei Punkt 4 ein und kommen bei Punkt 5 wieder hoch und gehen von dort zu Punkt 6. Punkt 6 = Punkt 1. Der Bäumchenstich ist ein offener Schlingstich, der einmal nach rechts und einmal nach links im Wechsel gestickt wird.

Korallenstich

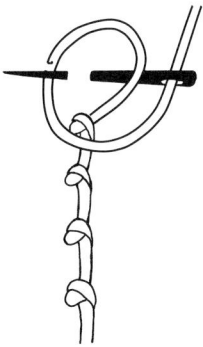

Auch beim schnell zu stickenden Korallenstich sitzt Knötchen an Knötchen. Man stickt von unten nach oben.

Margeritenstich

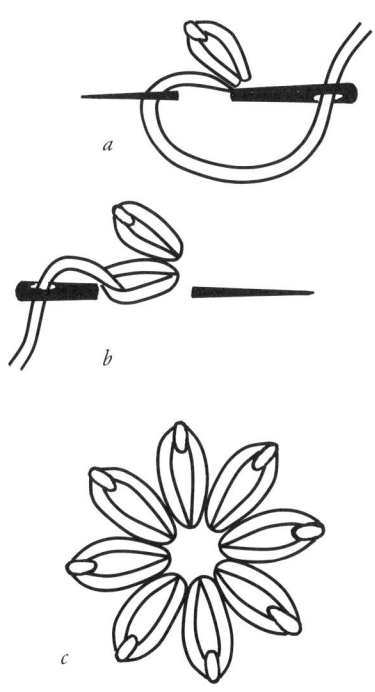

Nach dem Ausstich am gedachten oder vorgezeichneten Kreis wird dicht bei dicht erneut eingestochen. So entsteht eine Margeritenblüte.

Schnurstich

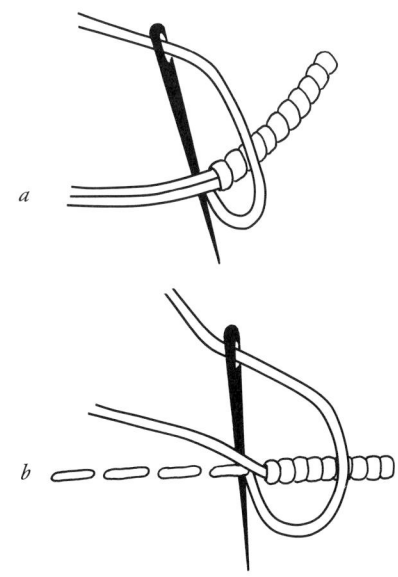

Der Schnurstich ist ein Linienstich, der mit ein oder zwei Reihen Vorstichen unterlegt wird. Ein Einlegefaden wird mitgeführt und verdickt die Stickerei zur Schnur.

Verschiedene Techniken in der nicht fadengebundenen Stickerei

Schattenstickerei

Schattenstickerei kann nur auf lichtem, transparentem Gewebe ihre Wirkung zeigen. Stickstiche, die unter dem Stoff liegen, schimmern durch, daher die Bezeichnung Schattenstickerei. Sie ist leicht erlernbar und gibt zum kreativen Sticken Anreiz. Die Übertragung des Entwurfs ist einfach, da der transparente Stoff auf die Zeichnung gelegt werden kann und die zu bestickenden Konturen mit einem Bleistift übertragen werden.

Tischband in Schattenstickerei

an Material benötigen Sie:
20 cm Baumwollbatist, 170 cm breit
2 Sticktwist
Sticknadel mit Spitze: Stärke 22
Stickrahmen
Annähstreifen aus Nessel oder altem Bettuch
5 cm von der Mitte des Batiststreifens links und 5 cm von der Mitte rechts einen Gewebefaden der Länge nach ausziehen. Die Fadenrinnen sind die spätere Saumbegrenzung. Fortlaufend das Muster mit einem Bleistift übertragen (siehe Mustervorlage). An der Schnittkante des Batiststreifens nähen Sie mit der Nähmaschine (große Sticheinstellung) einen Hilfsstreifen an. So können Sie den schmalen Streifen besser in einen Stickrahmen spannen.
Ein nicht zu langer Sticktwistfaden wird in zwei Hälften geteilt, also in 2 x 3 Fäden. Das Stickfadenende knoten und ca. 2 cm vom Stickanfang von oben in die gezeichnete Linie einstechen. Der Knoten liegt oben. Mit kleinen Rückstichen, die Sie zum Stickanfang führen, vernähen Sie den Faden. Mit einem geschlossenen Rückstich (Steppstich), der die Vernähstellen überdeckt, beginnen Sie die Linien der Blume zu übersticken. Sind Sie bei den doppelt gezeichneten Linien angekommen, so wird der Steppstich einmal auf der unteren und einmal auf der oberen Linie gestickt. Auf der Rückseite entsteht ein geschlossener Hexenstich. Ist eine Linie kürzer als die andere, müssen Sie darauf achten, daß Sie die kürzeren Linien mit kleineren Stichen und die längeren Linien mit größeren Stichen ausführen. Die Steppstiche müssen sich beim Sticken gegenüberstehen.
Später gehen die Linien wieder in einer Steppstichlinie zusammen. Beim Vernähen des Fadens setzen Sie kleine Vernähstiche quer unter die Steppstiche. In der gleichen Weise sticken Sie die Rispen der Blätter.
Die Zackenlinien führen Sie in Vorstichen aus, indem Sie einen Stich über den Stoff und einen Stich unter dem Stoff hergehen. Haben Sie das Blatt so umrundet, sticken Sie den Vorstich gegengleich zurück.

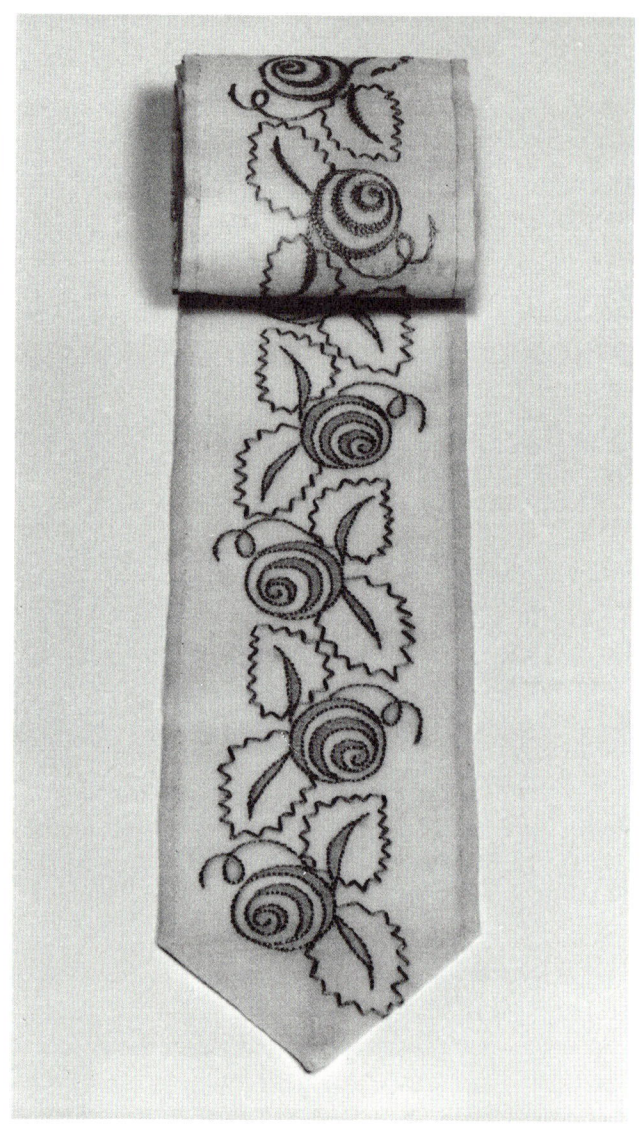

Tischband in Schattenstickerei – Muster auf Seite 51

Fertigstellen des Tischbandes

Haben Sie die Stickerei beendet, so trennen Sie die Hilfsstreifen vom Band ab.
1,5 cm von den gezogenen Fadenrinnen zum Schnittrand hin ziehen Sie jeweils noch einen Gewebefaden aus und schneiden das Band hier ab.
Auf der linken Seite reihen Sie den doppelten Umschlag an die zuerst gezogenen Fadenrinnen und säumen das Band mit kleinen Stichen.

Wolken aus Glasbatist

Am Ende des Bandes wird die Webkante in der Mitte rechts auf rechts geknickt und mit Steppstichen durchnäht. Zurückgeklappt erhalten Sie so die spitzen Enden des Bandes. Reihfäden können Sie jetzt entfernen und das Band von links bügeln.

Wolken aus Glasbatist

In leichten, schwebenden Wolken aus Glasbatist können hübsche kleine Motive eingestickt werden, wie: Regenschirm, Luftballon mit Liebesbrief, Engel, Schäfchen, Mond und Sterne, Vögel, Schmetterlinge, Schneemann, Flugzeug und noch vieles mehr.
Für vier Wolken brauchen Sie:
1 Stück Glasbatist, 30 x 30 cm groß
1 Stück Fixierstoff, 20 x 20 cm groß
1 Sticktwist
Nadel mit Spitze: Stärke 24
Stickrahmen
Fixierstoff ist ein aufbügelbares Gewebe. Bei den Wolken brauchen wir ihn zum Verstärken der Wolkenränder.
Sie legen den Glasbatist auf die Zeichnungen und beschweren den Stoff, damit er nicht verrutscht. Mit einem Bleistift zeichnen Sie nur die Motive auf, ohne Wolkenrand.
Den Glasbatist spannen Sie straff in einen Stickrahmen.
Sticken Sie mit zweifädigem Sticktwist.
Arbeitsanfang und Arbeitsende wie beim Tischband. Linien werden in Vorstich, Steppstich oder Stielstich ausgeführt.
Regentropfen, Augen usw. sticken Sie im Knötchenstich.
Jedes Knötchen muß neu begonnen und vernäht werden.
(siehe Knötchenstich unter „Freie Stickstiche", Seite 28)
Beim Knötchenstich liegt der Stickfaden oben auf dem Stoff.
Mit der rechten Hand halten Sie die Sticknadel. Zwischen Zeigefinger und Daumen der linken Hand liegt der Stickfaden, den Sie zweimal um die Nadel wickeln. Die Sticknadel drehen Sie so, daß sie senkrecht einsticht, etwas oberhalb des herauskommenden Stickfadens. Solange die Nadel im Stoff steckt, halten Sie mit der linken Hand den Stickfaden und ziehen ihn fest an, bis das Knötchen auf dem Stoff sitzt. Erst dann ziehen Sie die Nadel ganz durch den Stoff und kommen zum Sitz des nächsten Knötchenstichs wieder mit der Nadel hoch.
Formen wie Mond, Vögel, Schirm, Schneemann sticken Sie im Schattenstich, wie beim Tischband beschrieben.
Haben Sie alle Motive gestickt, können Sie, wenn nötig, mit Feinwaschmittel den Glasbatist von Hand durchwaschen, ausspülen, in ein Frotteetuch wickeln und im noch feuchten Zustand trockenbügeln.
Auf die Zeichnung legen Sie den Fixierstoff und zeichnen nur die Wolkenränder durch. Die innere Wolke schneiden Sie aus und legen den Fixierstoff auf den bestickten Glasbatist, jetzt aufbügeln und am äußeren Wolkenrand ausschneiden.
Mit einem Stickfaden ziehen Sie durch den Wolkenrand einen Aufhänger.

Richelieustickerei

Die Richelieustickerei ist eine Ausschnittstickerei, und wie uns der Name verrät, war sie schon zu Zeiten des Staatsmannes Richelieu bekannt. Er soll diese Stickerei in Frankreich eingeführt haben.
Reines Leinen, geschlossen gewebt, ist für diese Stickerei am besten geeignet. Zum Sticken nimmt man Vierfachgarn in den Stärken 20 und 25. Gestickt wird mit einer Weißsticknadel oder Nähnadel.
Ein Stickrahmen ist nicht notwendig. Ein Fingerschützer für den linken Zeigefinger und ein Fingerhut für den rechten Mittelfinger sind ratsam.
Bei der Richelieustickerei wird nach dem Sticken, an den festonierten Rändern vorbei, der Stoff ausgeschnitten.
Die Formen werden von Stegen zusammengehalten. Diese Stege kann man auf dreierlei Arten herstellen: Die schnellste, aber nicht sehr haltbare Art ist das Umwickeln der hin- und hergespannten Fäden. Auch kann über 3 gespannten Fäden ein Festonstich gearbeitet werden. Hübscher ist ein umstopfter Steg. Diese Ausführung wurde bei unseren Modellen angewandt (siehe Zeichnung).
Für die Richelieustickerei können Sie von den Entwürfen auf Seite 45–49 ein Aufbügelmuster herstellen, indem Sie Seidenpapier auflegen und die Linien mit dem Aufbügelmusterstift übertragen.
Ist Ihr Leinen transparent genug, brauchen Sie kein Aufbügelmuster herzustellen. Sie können den Entwurf direkt auf den Stoff, mit einem Bleistift, übertragen.

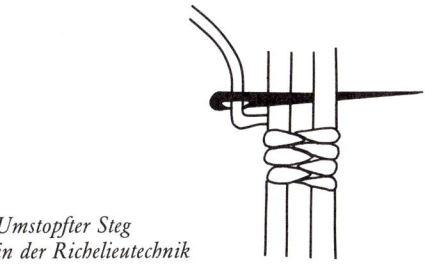

Umstopfter Steg in der Richelieutechnik

Fensterbilder in Richelieustickerei

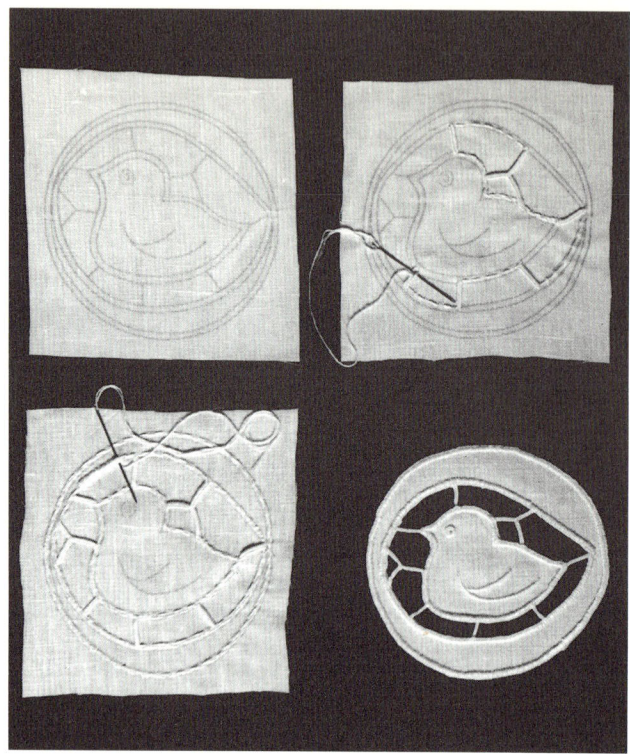

Arbeitsschritte der Richelieustickerei

Katze im Fenster, Richelieu

Arbeitsschritte der Richelieustickerei

Zwischen den doppelten Linien des aufgebügelten oder aufgezeichneten Motivs werden Vorstiche gearbeitet.
Die einfachen Linien, zwischen den Motiven, sind Stege, die später die ausgeschnittenen Formen zusammenhalten. Diese Stege werden gleichzeitig mit den Vorstichen gearbeitet. Das heißt: Sie arbeiten den Vorstich (größerer Stich oben, kleinerer Stich unter dem Stoff) bis zum ersten Steg, spannen den Faden auf die gegenüberliegenden Linien, spannen wieder zurück, so daß die Fäden nebeneinander liegen, machen einen kleinen Rückstich und weben die nebeneinander liegenden Fäden zu einem Steg. Die Vorstiche können ein-, zwei- oder dreireihig nebeneinander liegen. Darüber wird später der Festonstich gearbeitet.
Einen Dreiersteg arbeitet man so: Sie spannen den Stickfaden über die gegenüberliegende rechte oder linke Linie und weben den Steg bis zur Mitte, spannen den Faden über die dritte Linie, spannen zur Mitte des begonnenen Steges und wieder zurück. Nun haben Sie 3 Fäden nebeneinander liegen. Sie weben einmal über einen Faden und einmal über 2 Fäden bis zur Mitte des Steges und weben den zuerst begonnenen Steg fertig.
Haben Sie alle Vorstiche und Stege ausgeführt, können Sie mit dem Festonieren der Ränder beginnen. Die Schlingen des Festonstiches liegen immer zu den Stegen gewandt, und zu den Rändern, die später abgeschnitten werden. Den Festonstich dicht an dicht ausführen.
Linien innerhalb der Motive können Sie im Steppstich, Stielstich, Punkte im Plattstich, Augen im Schnürlochstich arbeiten.
Ist das Werkstück fertig gestickt, waschen Sie es durch und bügeln es im noch feuchten Zustand trocken.

Richelieukante an einem Deckchen

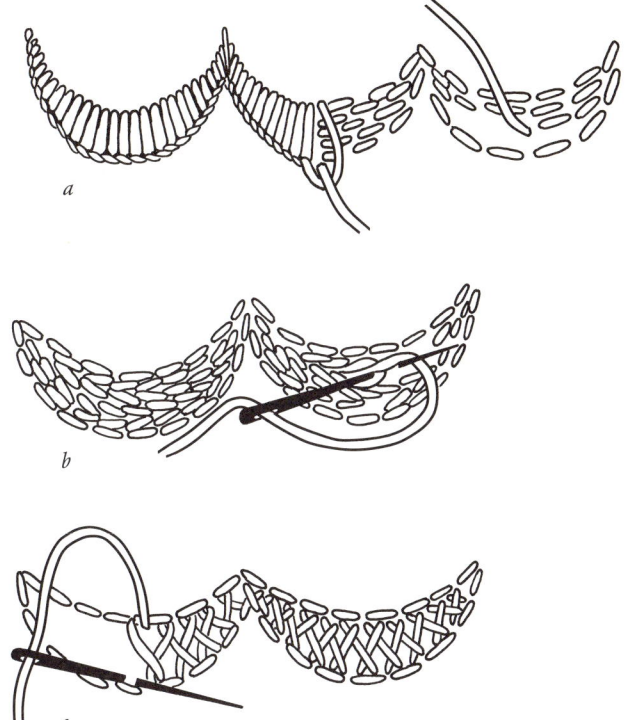

Langettenstickerei

Dann schneiden Sie mit einer kleinen, spitzen Schere die Ränder und Formen, unter den Stegen vorsichtig hergehend, aus.
Nun überbügeln Sie die fertige Arbeit von der linken Seite. Als Fensterbilder eignen sich Richelieustickereien besonders gut, da sie Licht und Sonnenstrahlen ungehindert hindurchlassen.

Richelieukante

Die Richelieukante an dem Deckchen kann beliebig verlängert werden und ist deshalb vielseitig verwendbar, z. B. als Randabschluß von Decken, Sets, Tops, Blusen, Kragen usw. (siehe Mustervorlage auf Seite 51).

Lochstickerei und Langetten

Lochstickerei wird auch Englische Stickerei und Madeirastickerei genannt. Eine Engländerin war es, die im vorigen Jahrhundert diese Stickerei auf der Insel Madeira verbreitete. Wegen ihrer guten Haltbarkeit war die Lochstickerei an Bett-, Tisch- und Leibwäsche beliebt.
Der äußere Rand dieser Stickerei ist oft mit Langetten gesichert und verziert (siehe Zeichnung).
Reinleinen und Leinenbatist ist das beste Material für die Lochstickerei.
Auf Halbleinen, Baumwollstoffen und reiner Seide kann diese Stickerei ebenfalls ausgeführt werden.
Gestickt wird mit Vierfachgarn Stärke 20/25 oder 30.

Tablettdeckchen in Lochstickerei

Klapperdeckchen, passend zum Tablettdeckchen – Muster auf Seite 54/55

Tablett- und Klapperdeckchen in Lochstickerei

Für ein Tablett- und sechs Klapperdeckchen brauchen Sie:
25 cm feines geschlossenes Leinen
Sticktwist, Pfriem
Vierfachgarn: Stärke 25 und Stärke 30
Beginnen Sie erst mit den Klapperdeckchen. Sie sind eine gute Übungsarbeit (siehe Mustervorlage). Auf Seidenpapier übertragen Sie das Muster der Deckchen sechsmal. Zwischen jedem Deckchen liegen ca. 3 cm Abstand. Wenden Sie das Seidenpapier und bügeln Sie das Muster auf das Leinen. Beginnen Sie mit einem eingefädelten Vierfachfaden Stärke 25. Knoten Sie am Ende den Faden und stechen von oben in den Stoff ein und umkreisen ein Loch 2 x mit versetztem Vorstich. Innerhalb des Kreises schneiden Sie einmal waagerecht und einmal senkrecht kurz ein und drücken mit dem Pfriem den eingeschnittenen Stoff von oben nach hinten. Drehen Sie den Pfriem ein wenig, damit das Loch kreisrund wird.

Das Loch umranden Sie mit kleinen Stichen (siehe Zeichnung) dicht an dicht. Der Anfangsknoten kann während der Arbeit abgeschnitten werden. Ist die Runde mit den Bindlochstichen fast geschlossen, ziehen Sie die letzten 3 Stiche nicht mehr so fest wie vorher, sondern lassen sie so locker, daß Nadel und Faden durchgezogen werden können. Nun wieder fest anziehen. Jetzt ist der Faden vernäht und kann abgeschnitten werden.

Haben Sie alle Löcher im Bindlochstich gestickt, beginnen Sie mit der Ausführung der Langetten.

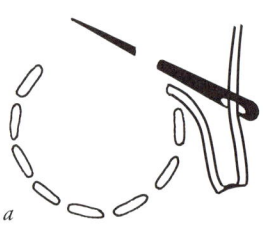

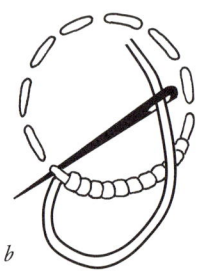

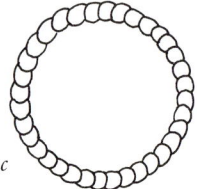

Arbeitsgänge zum Bindlochstich

Die Langetten umrunden Sie mit Vorstichen und bringen innerhalb der Monde einen Hexenstich ein. Dieser Hexenstich wird mit einem geteilten Faden vom Sticktwist ausgeführt, damit der darüberliegende Festonstich sich plastisch abhebt. Den Festonstich arbeiten Sie wiederum mit Vierfachgarn Stärke 25. Die Schlingstiche des Festonrandes müssen an den Berührungspunkten der Bogen fast waagerecht und in der Mitte der Bogen senkrecht liegen.

Nachdem Sie alle Stiche ausgeführt und den Endfaden unter den Schlingstichen vernäht haben, schneiden Sie am festonierten Rand das überstehende Leinen ab.

Das Tablettdeckchen (siehe Mustervorlage) wird mit Vierfachgarn Stärke 30 gestickt. Es beinhaltet, außer runden Löchern, sogenannte Tränen oder Tropfen. Die Technik ist die gleiche wie bei den Löchern. Der Einschnitt muß in Längsrichtung natürlich länger sein. Mit dem Pfriem rundgebohrt wird nur am stumpfen Ende der Träne. Am spitzen Ende schlagen Sie den Stoffeinschnitt mit der Sticknadel zurück.

Hochstickerei

Die Hochstickerei, auch Französische Stickerei genannt, gilt als edelste in der Weißstickerei. Durch die Schatten ihrer unterlegt und überhöht ausgestickten Formen erhält sie einen besonderen Reiz.

Einige Übung im Sticken sollte man haben, bevor man sich an diese zeitaufwendige Stickerei wagt. Es muß sorgfältig unterlegt werden, was später mit dichten Plattstichen überstickt wird.

Auf feinem geschlossenem Leinen und Leinenbatist gelingt diese Weißstickerei am besten. Straff in einen Stickrahmen eingespannt, wird mit einer Weißsticknadel oder Nähnadel mit Vierfachgarn in den Stärken 25 oder 30 gestickt. Der Plattstich wird mit geteiltem Sticktwist, ein- oder zweifädig, unterlegt.

Kleine Blume in Hochstickerei

Die kleine Blume eignet sich gut zum Erlernen der Hochstickerei (siehe Zeichnung). Die fertige Stickerei hinter ein farbiges Passepartout gebracht, ist die Vorstufe für eine hübsche Einrahmung.

Wenn Sie mehrere Blumen versetzt untereinander sticken, erhalten Sie eine Ranke (siehe Zeichnung). Sie brauchen für eine Blume:
einen kleinen Rest Leinenbatist, ca. 10 x 10 cm
ein Stück Nessel 30 x 30 cm groß oder ein anderes festes Baumwollgewebe
einen Rest Sticktwist
Vierfachgarn: Stärke 30
Weißsticknadel oder Nähnadel
Aufbügelmusterstift und Seidenpapier
Stickrahmen (Stickständer)

Den Aufbügelmusterstift gut anspitzen und das Muster der Blume auf Seidenpapier übertragen. Papier wenden und die Zeichnung auf das Leinen bügeln.

Mit dichter Zickzackeinstellung der Nähmaschine nähen Sie das Leinenstückchen auf den Nessel. Von der Rückseite des Leinens schneiden Sie den Nessel aus.

Kleine Blume in Hochstickerei

Mustervorlage zur kleinen Blume in Hochstickerei

Nun spannen Sie den Stoff, stramm wie eine Trommel, in den Stickrahmen.

Mit einem Faden vom geteilten Sticktwist beginnen Sie die Stickerei mit dem Unterlegen der Blüte. Vernähen können Sie den Faden innerhalb der Formen mit kleinen Rückstichen. Der Endknoten liegt oben auf und wird später abgeschnitten.

Mit kleinen Spaltstichen umkreisen Sie die Linie des mittleren Punktes und die Linien der Blütenblätter.

Kleine Blume in Hochstickerei – als Ranke weitergeführt

Mit 2 Fäden vom geteilten Sticktwist füllen Sie die Formen mit versetzten Vorstichen. Die größeren Stiche liegen über, die kleineren Stiche unter dem Stoff. Zur Mitte des Punktes und der Blütenblätter überhöht unterlegen, zum Rand hin weniger. Unterlegt wird immer in entgegengesetzter Richtung zum später darüberliegenden Plattstich. Die Blütenblätter werden in Längsrichtung und der Punkt in Querrichtung unterlegt.

Zum Übersticken nehmen Sie Vierfachgarn, das Sie wiederum innerhalb der Formen mit kleinen Rückstichen vernähen.

Über die Mitte des Punktes setzen Sie senkrecht einen Plattstich und sticken dicht an dicht eine Seite und danach, von der Mitte des Punktes ausgehend, die andere Seite. Die ersten Stiche eines Punktes liegen auf gleicher Höhe. Der letzte, seitliche Stich am Punkt wird ganz dicht, fast unter den zuletzt gestickten Plattstichen liegend, gesetzt.

An den spitzen Enden der Blütenblätter sticken Sie zuerst einen senkrechten Stich in die Blütenform und übersticken dann waagerecht, mit kleinstem Stich beginnend, dicht bei dicht die Blattform zu.

Haben Sie alle Blütenblätter gestickt, führen Sie die Linien in Schnurstich aus. Hierfür setzen Sie auf die Linien kleine Vorstiche mit Vierfachgarn. Hierüber legen Sie einen Vierfachfaden, den Sie mit kleinsten Plattstichen zum Schnurstich übersticken.

Die geschlossene Seite des Blattes füllen Sie mit kleinsten Rückstichen/Sandstichen (siehe Zeichnung).

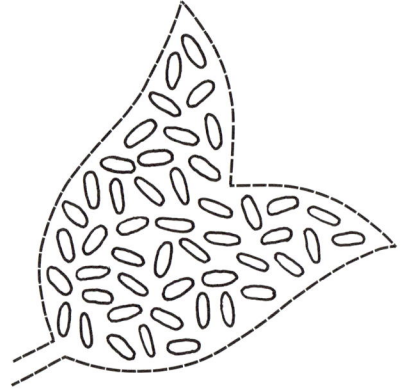

Sandstich (kleinste Rückstiche, dicht gedrängt)

Die Pünktchen sticken Sie mit 3 winzigen Plattstichen, die auf der Stelle gestickt, übereinander liegen.

Nun schneiden Sie Ihr kleines Werk aus dem Hilfsstoff und waschen es, wenn nötig. Trocknen Sie die Stickerei in einem Frotteetuch an und bügeln sie von links unter Druck auf einer weichen Unterlage trocken.

Monogramm in Hochstickerei umkränzt von Webblümchen

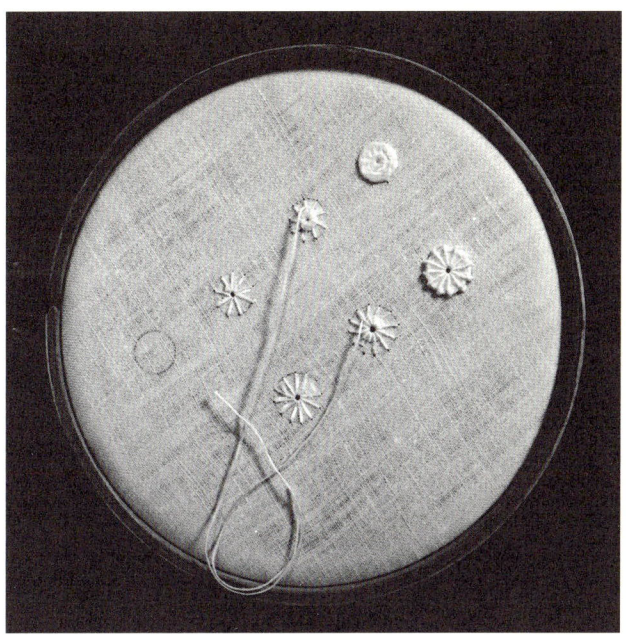

Arbeitsschritte zum Sticken der Webblümchen

Monogramm in Hochstickerei
umkränzt von Webblümchen

Das Monogramm ist in klassischer Hochstickerei, die Webblumen in freier Stickerei ausgeführt.
Bei einer Schrift oder einem Monogramm müssen Sie Ihren Entwurf zum Abbügeln zweimal auf Seidenpapier aufzeichnen, damit Sie die Schrift nicht seitenverkehrt aufbügeln. Hierfür zeichnen Sie den Entwurf mit dem Bleistift auf Seidenpapier durch, wenden das Papier und zeichnen die Bleistiftlinien mit dem Aufbügelmusterstift nach (siehe Mustervorlage).
Für die Stickerei brauchen Sie:
Leinenbatist 30 x 30 cm groß,
Vierfachgarn: Stärke 30
Sticktwist
Weißsticknadel oder Nähnadel
Nadel ohne Spitze: Stärke 24
Aufbügelmusterstift und Seidenpapier
Stickrahmen
Die Ausführung des Monogrammes ist die gleiche wie beim vorhergehenden Modell, „Kleine Blume", beschrieben.
Sie sticken wiederum die Linien mit einem Faden vom geteilten Sticktwist im Spaltstich und füllen in versetztem Vorstich die Formen aus. Mit Vierfachgarn übersticken Sie in dichtem Plattstich das Monogramm. Wenn Sie das Monogramm hoch unterlegen und sehr dicht übersticken, wird es sehr wirkungsvoll und plastisch. Die feinen Linien beim Monogramm im Schnurstich übersticken. Diesmal wird kein Faden mitgeführt, da der Spaltstich einen besseren Übergang zum unterlegten Plattstich bildet.
Webblumen können Sie in freier Stickerei ausführen. Kleine Kreise werden direkt auf den Stoff gezeichnet und die fertig gestickten Webblümchen mit Zierstichen untereinander verbunden. Sie können jedoch, um vorerst etwas Sicherheit zu bekommen, von vorliegender Zeichnung ein Aufbügelmuster herstellen. Die Kreise sind für die Webblumen und die Linien für den Verlauf der Zierstiche gedacht.

Die Webblümchen arbeiten Sie mit Vierfachgarn. Vernähen Sie den Stickfaden innerhalb des Kreises mit kleinen Rückstichen. Kommen Sie mit der Nadel am Rande hoch und sticken Sie zur Mitte des Kreises einen Spannstich. Im Uhrzeigersinn teilen Sie den Kreis mit 3 weiteren Spannstichen in Viertel. In jedes Viertel sticken Sie noch 2 Spannstiche in das gleiche Stickloch. Nach dem letzten Spannstich kommen Sie mit der Nadel in der Nähe der Kreismitte hoch und beginnen mit dem Rundweben. Hierfür wechseln Sie die Sticknadeln und führen die Nadel ohne Spitze unter 2 gespannte Fäden, umschlingen den letzten Spannfaden und gehen unter dem nächsten Spannfaden weiter. Diesen Vorgang wiederholen Sie, bis das Blümchen ganz zugewebt ist.

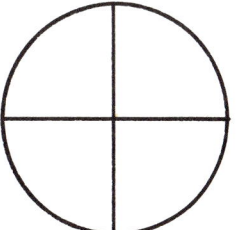 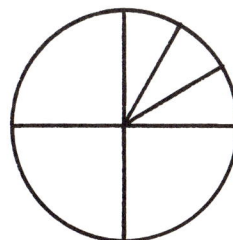

Einteilung der Spannstiche im Webblümchen mit Rippen

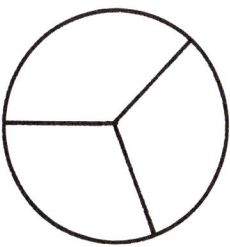 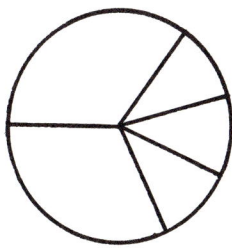

Einteilung der Spannstiche im Webblümchen mit ungerader Kettzahl

Arbeitsschritte der Monogrammstickerei

Blütenkranz in Hoch- und Schattenstickerei – Muster auf Seite 55

Monogramm in Hochstickerei

Am Beispiel des begonnenen Monogrammes sehen Sie sehr gut die Arbeitsschritte in der Hochstickerei.

Blütenkranz in Hoch- und Schattenstickerei

Dieser Blütenkranz ist eine Kombination von Schattenstich und Hochstickerei.
Wenn Sie ihn nacharbeiten möchten, so fertigen Sie von der dazugehörenden Zeichnung ein Aufbügelmuster an. Mit einem Zirkel zeichnen Sie auf Seidenpapier einen Radius von 22 cm außen und einen inneren Radius von 11 cm. Zwischen diesen beiden Kreisen zeichnen Sie mit dem Aufbügelmusterstift dreimal die Mustervorlage ab. So erhalten Sie den Blütenkranz, den das Foto zeigt.
Sie brauchen für diese Arbeit:
ein Stück Leinenbatist, ca. 40 x 40 cm groß
Sticktwist
Vierfachgarn: Stärke 25
Sticken Sie, wie bei den vorhergehenden Modellen beschrieben, mit Sticktwist die Blüten in Schattenstickerei. Mit Vierfachgarn die kleinen Blüten im Schnürlochstich, die Blätter, Punkte und Linien in Hochstickerei.

Durch das Umschlingen der Spannfäden (Kettfäden) erhält dieses Blümchen zur Mitte hin laufende Rippen (siehe Zeichnungen).
Für Blümchen, die im Stopfstich gestickt werden, muß die Einteilung der Spannstiche etwas anders sein. Zum Rundweben in Leinenbindung braucht man eine ungerade Kettzahl. Deshalb teilen Sie den Kreis mit 3 Spannstichen in Drittel ein, und setzen in jedes Drittel noch 2 Spannstiche. Beim Zuweben dieses Blümchens gehen Sie mit der Nadel, wie beim Stopfen, einmal über und einmal unter den gespannten Kettfaden. Mit dem Weben wieder in der Mitte beginnen und den Kreis ganz zuweben.
Mit Bäumchenstich und Knötchen sticken Sie die Verbindungen zu den einzelnen Webblümchen.

Kombination zweier Techniken

Hessenstickerei

Decke in Hessenstickerei – Muster auf Seite 56

Die Kombination der fadengebundenen und nicht fadengebundenen Sticktechniken sehen Sie deutlich am Beispiel der Hessenstickerei.
In den beiden vorangegangenen Kapiteln haben wir die fadengebundene und die nicht fadengebundene Stickerei kennengelernt. Es können jedoch beide Techniken in einer Stickerei vorkommen.

Hessische Weißstickerei

Das auf dem Foto gezeigte Motiv (siehe dazugehörige Mustervorlage auf Seite 57) kann für einen Läufer, Tischdecke oder Kissen Verwendung finden.
Die Hessische Weißstickerei kommt, wie uns der Name verrät, aus dem Hessenland. Sie wurde hauptsächlich in einem kleinen Landstrich Hessens – der Schwalm – durch Jahrhunderte weiterentwickelt. Deshalb ist sie auch unter dem Namen Schwälmer Weißstickerei bekannt.
Um in dem geschlossen gewebten Leinen Formen mit Ajourstichen zu füllen, muß das Gewebe durch Ausziehen einzelner Gewebefäden gelockert werden.
Möchten Sie die abgebildete Decke, 63 x 63 cm groß, nacharbeiten, so brauchen Sie:
ein Stück Leinen, 75 x 75 cm (ca. 18 Fäden = 1 cm^2)
Vierfachgarn in den Stärken 12, 16 und 20
spitze und stumpfe Sticknadeln: Stärke 22
einen Stickrahmen
Durch die fadengerade zugeschnittene Decke ziehen Sie waagerecht und senkrecht durch die Mitte einen Hilfsfaden ein.

Zierstiche in der Hessenstickerei:

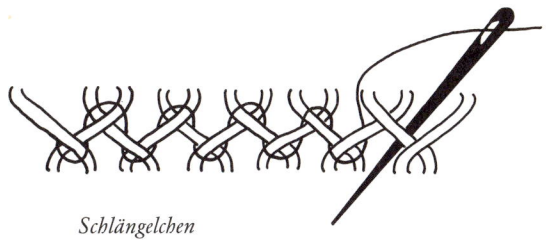

Zwei kurz – zwei lang (Plattstich)

Schlängelchen

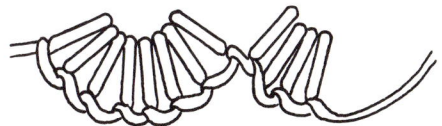

Schnürloch

Mit dem Erbslochhohlsaum verzieren und sichern Sie den Saum der Decke (Vierfachgarn: Stärke 20).
Von beiliegendem Entwurf (siehe Vorlage) fertigen Sie ein vollständiges Aufbügelmuster an, indem Sie das abgebildete Motiv viermal mit dem Aufbügelmusterstift auf Seidenpapier übertragen. Vorher markieren Sie mit Bleistift die Mittellinien. Das Muster mit heißem Bügeleisen auf die Decke bügeln. Um ein Verrutschen zu vermeiden, heften Sie das Bügelmuster mit Stecknadeln auf den Stoff, und zwar die Bleistiftlinien des Seidenpapieres auf die eingezogenen Hilfsfäden der Decke.
Alle Formen, die später eine Ajourstickerei erhalten sollen, sichern Sie vor dem Fadenauszug mit dichtgesticktem Kettenstich. Arbeiten Sie mit Vierfachgarn Stärke 16. Danach folgt, nach außen gestickt, ein Korallenstich, wiederum mit kleinen Stichen gearbeitet.
Die so eingekreisten Formen verzieren Sie beliebig mit verschiedenen Zierstichen, wie Sie es auf der Zeichnung sehen: Plattstich, zwei kurz – zwei lang (Seite 39).
Schlängelchen (Seite 39).
Schnürloch (Seite 39).
Blätter und Linien sticken Sie mit Vierfachgarn Stärke 12. Die Linien arbeiten Sie im Korallenstich und die Blätter im Festonstich. Sticken Sie den Festonstich einmal rund um das Blatt.
Nun können Sie innerhalb der Formen jeden 4. Gewebefaden in Längs- und Querrichtung ausziehen. Heben Sie mit der stumpfen Nadel, innerhalb der Form, auf der linken Deckenseite einen Faden an, schneiden ihn durch und ziehen ihn bis zum Kettenstich aus. Am Kettenstichrand schneiden Sie die ausgezogenen Gewebefäden ab. Es bleiben 3 Gewebefäden stehen, und der nächste Faden wird aufgeschnitten und ausgezogen. Diesen Vorgang wiederholen Sie, in beide Richtungen, bis die Form ein Raster von 3 Gewebefäden im Quadrat aufweist.
In das so gelockerte Gewebe sticken Sie die von Ihnen gewählten Ajourstiche. Eine Auswahl finden Sie bei der fadengebundenen Stickerei.
Wenn die Arbeit fertig ist, noch vorhandene Reihfäden ausziehen und die Decke von links auf weicher Unterlage mit Dampfbügeleisen glattbügeln.

Gesticktes Bauernhaus, Wandbehang

Freie Stickweisen
Vier Beispiele zum Nacharbeiten

Kleiner Wandbehang

Dieses gestickte Bauernhaus ist auf Leinen, 14 Fäden pro cm^2, mit Vierfachgarn verschiedener Stärken gestickt.
Das Bild wurde während des Stickvorganges frei aufgebaut und ist mit Stichen, wie sie im vorliegenden Buch erläutert sind, gestickt.
Es beinhaltet abgezählte Platt- und Zierstiche, Webblumen mit freien Zierstichen und eine Hardangerborte.
Der kleine Behang ist 41 x 71 cm groß. Außer den Webblumen und Ranken, die einen Garten andeuten sowie die Schnürlöcher am Dachfirst, sind alle anderen Stiche abgezählt, also fadengebunden gestickt. Das Haus ist in abgezählter Plattstichstickerei, Fenster und Türen sowie die untere Borte in Hardangerstickerei ausgeführt.
Zwischen den Schriftreihen „Gott schütze unser Haus und alle die da gehen ein und aus" (Kreuzstich) und zwischen der Hardangerborte liegen vier Reihen Erbslochhohlsaum. Umrandet ist das Bild mit einem fest angezogenen Kästchenstich.

Linien auf Glasbatist

Linien auf Glasbatist

Der Entwurf zu diesem Stickbild sind waagerecht und senkrecht gezogene Linien. Durch die gewellte Linienführung erhält das Bild eine plastische Wirkung.
Gestickt auf Glasbatist sind die waagerechten Linien im Vorstich und die 3 senkrechten Linien im Spaltstich.

Fadengebundene und nicht fadengebundene Sticktechniken

Decke in freier Stickweise (siehe auch „Tischdecke auf dem Titelbild", Seite 63)

Hier eine ältere Decke, die wiederum beide Techniken, fadengebundene und nicht fadengebundene Stickerei aufweist.
Mit Hilfe von Schablonen können Sie leicht das Muster für eine Decke entwerfen. In gleichmäßigen Abständen legen Sie die Schablonen auf Ihr Entwurfspapier und zeichnen die Umrisse auf. Mit Linien und Punkten verbinden Sie die einzelnen Formen. Beachten Sie dabei den Linienfluß der Figuren.
Die Decke ist in Plattstich, Stielstich und Ajourstichen gestickt, mit Perlgarn auf gröberem Leinen.

Spirale auf Glasbatist in Schattenstickerei

Spirale auf Glasbatist in Schattenstickerei

Spielerisch ist der Entwurf zur „Spirale" entstanden.
Gestickt ist sie auf Glasbatist im Vorstich, Steppstich, Schattenstich und Knötchenstich.

Richelieudecke

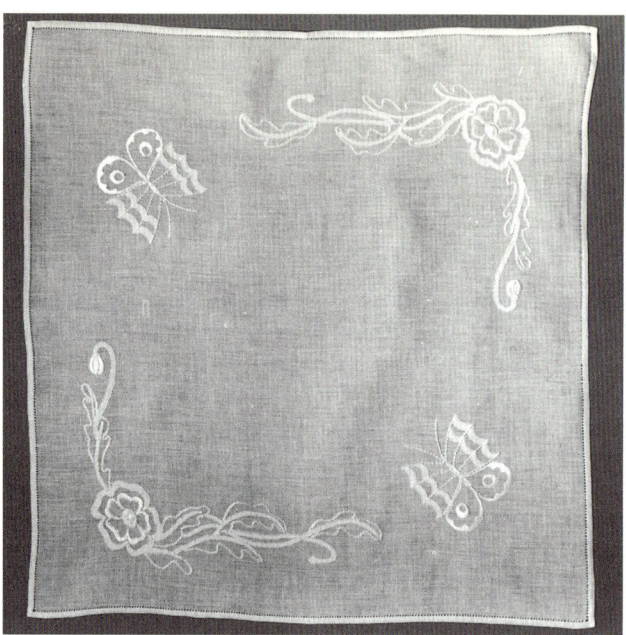

Batistdeckchen in Schattenstickerei

Schattenstickerei „Prinzessin auf der Erbse"

Arbeitsvorlagen selbst entwerfen

Einen Entwurf für eine Weißstickerei selbst herzustellen, ist nicht so schwierig. Man sollte jedoch die vorgesehene Sticktechnik beherrschen, bevor man eine Zeichnung für eine größere Arbeit anfertigt.

Um sich mit den verschiedenen Sticktechniken vertraut zu machen, sind im Buch Modelle von kleineren Arbeiten dargestellt, oder auch Arbeitsproben abgebildet.

Bei der fadengebundenen Stickerei können Sie auf Patronenpapier (Kästchenpapier) eine Zählvorlage anfertigen. Ein Kästchen entspricht ein oder mehreren Gewebefäden im Quadrat.

Für einen Entwurf zur nicht fadengebundenen Stickerei brauchen Sie Zeichenpapier, einen weichen Bleistift, Radiergummi, Spitzer, Seidenpapier und einen Aufbügelmusterstift. Eine Hilfestellung für den Entwurf ist, wenn Sie Ihr Zeichenpapier in kleine Quadrate einteilen. Hierein zeichnen Sie Ihre Skizzen. Die gutgelungenen Skizzen können Sie mit dem Fotokopierer vergrößern lassen.

Wollen Sie Ihren Entwurf fortlaufend sticken, so kontrollieren Sie mit einem Handspiegel, ob Sie das Muster noch einmal wiederholen oder an einer anderen Stelle wieder aufnehmen wollen.

Ist der Stoff so transparent, daß die Zeichnung durchscheint, legen Sie den Entwurf auf eine weiße Unterlage und zeichnen ihn direkt auf den Stoff durch.

Soll die Zeichnung mehrmals auf Ihr Werkstück übertragen werden, dann ziehen Sie mit großen Reihstichen farbige Fäden an die Stellen, wo später die Stickerei ihren Platz erhalten soll.

Für Stoffe, die nicht transparent sind, müssen Sie ein Aufbügelmuster herstellen. Sie legen Seidenpapier auf Ihren Entwurf und übertragen die Linien der Zeichnung mit dem Aufbügelmusterstift. Zum Aufbügeln müssen Sie Ihr Seidenpapier wenden. Ihr Entwurf kommt somit spiegelverkehrt auf den Stoff. Möchten Sie das vermeiden, wichtig bei Buchstaben und Zahlen, müssen Sie das Bügelmuster einmal mit Bleistift, und auf der Rückseite des Seidenpapiers einmal mit dem Aufbügelmusterstift aufzeichnen.

Mit etwas Phantasie können Sie leicht ein Muster direkt auf den Stickuntergrund bringen. Einfache ausgeschnittene Formen wie Blätter, Kreise, Blumen direkt auf den Stoff legen und mit dem Bleistift umkreisen. Mit Linien, Ranken, Punkten verbinden Sie die Motive untereinander.

Viel Spaß und gutes Gelingen!

Bemerkung für Linkshänder

Linkshänder sind mit Zeichnungen und Anleitungen immer im Nachteil.

Hier ein Tip: Nehmen Sie einen Handspiegel zu Hilfe, um die Zeichnungen seitenverkehrt zu spiegeln.

Die Erklärungen zu den Stickstichen müssen Sie auf einem Hilfszettel auch spiegelverkehrt aufschreiben. Steht in der Erklärung z. B.: „Sie arbeiten von links nach rechts", so heißt das für Linkshänder: „von rechts nach links."

Waschen und Bügeln der Weißstickerei

Wollen Sie Ihr Reinleinen zum erstenmal waschen, so lassen Sie die Waschtemperatur nicht höher als 60° kommen und schleudern Sie nur gering, da das Leinen sonst Knitterfalten erhält, die Sie schlecht wieder ausbügeln können. Grundsätzlich dürfen weiße Leinenstoffe und Baumwollstoffe heiß gewaschen bzw. gekocht werden.

Ist der Stoff jedoch pflegeleicht ausgerüstet (fragen Sie beim Einkauf danach), dürfen Sie ihn nicht heißer als 60° waschen und ohne Schleudern hängen Sie ihn tropfnaß auf. Der Vorteil: Sie haben wenig Arbeit mit dem Bügeln und der Stoff bleibt im Gebrauch länger glatt.

Möchten Sie den Leinenfarbton erhalten, so nehmen Sie zum Waschen ein Waschmittel ohne Aufheller und ohne Weißmacher.

Feine Stickereien auf Batist können Sie mit der Hand waschen. Hierfür weichen Sie die Stickerei in handwarmer, leichter Lauge ein. Danach legen Sie die Stickerei in heiße Lauge, bis diese abgekühlt ist. Drücken Sie die Stickerei, wie beim Wollewaschen, leicht durch und spülen sie mehrmals aus. Das gewaschene Teil rollen Sie in ein Frotteetuch und trocknen es an. Im feuchten Zustand bügeln Sie Ihre Stickerei von der linken Stoffseite trocken.

Größere Stickereien können Sie auch schonend in der Waschmaschine waschen. Legen Sie hierfür Ihre Stickerei in ein Wäschenetz oder in einen Kopfkissenbezug, den Sie zuknöpfen müssen.

Trocknen Sie Ihre kostbaren Stickereien nicht im Trockner, sondern liegend oder über eine Wäscheleine doppelt gelegt. Lassen Sie Ihre Stickereien, vor allem auf Leinen gestickte, nicht zu trocken werden.

Gebügelt wird immer von der linken Stoffseite, damit die Stickerei plastisch hervortritt.

Damit Sie mit der Spitze des Bügeleisens Durchbrüche und Ausschnittstickereien nicht beschädigen, drehen Sie das Bügeleisen um und bügeln mit der stumpfen Seite.

Wenn Sie sich unsicher fühlen, bügeln Sie Ihre Stickarbeit am besten unter einem feuchten Tuch. Ziehen Sie nach dem Bügeln das Tuch sofort ab und lassen die Stickerei ruhen, bis sie ausgekühlt ist. Sie zerknautscht dann nicht so schnell.

Stickmustertuch in Weißstickerei aus dem 19. Jahrhundert

Fragment einer Tischdecke in Doppeldurchbruch mit Sonnenspitzen, 19. Jahrhundert

Manchette in Lochstickerei und Festonrand

Kleine Geschichte der Weißstickerei

Im Laufe der Jahrhunderte entwickelten viele Völker die verschiedensten Arten von Stickereien. Durch Völkerwanderungen wurden sie weiter getragen und nachgeahmt. Neben den Goldstickereien zählten die Weißstickereien zu den edelsten Stickereien.

Im Mittelalter wurden in Klöstern wertvolle Weißstickereien auf Leinen für Kirchen und Herrschaftshäuser angefertigt. Heute können wir Altar- und Tischwäsche aus vergangener Zeit in Museen und in den Schatzkammern der Kirchen bewundern.

In den letzten Jahrhunderten hielt die Weißstickerei vermehrt Einzug in Bürger- und Bauernhäuser. Verziert wurden mit Weißstickerei Unter-, Bett- und Tischwäsche. In Gebieten, wo die Tracht heimisch ist, finden wir die Stickerei (weiß auf weiß) in Schürzen, Blusen, Taufkissen, Hauben, Kopf- und Schultertüchern.

Wurde in den Bürgerhäusern auf feinem Leinen, Batist und Musselin gestickt, so stand in den Bauernhäusern der selbstangepflanzte Flachs – handgesponnen, handgewebt und auf den Wiesen gebleicht – zur Verfügung.

Oft wurde das Sticken zum geselligen Anlaß genommen. Bürgerfrauen kamen nachmittags zum Kränzchen zusammen und stickten. Wie Back- und Kochrezepte wurden auch Stickmuster ausgetauscht.

Im ländlichen Raum hatte man in den Sommermonaten nicht viel Zeit zum Sticken. Wenn die Ernte eingebracht war, setzte man sich zum Handarbeiten in der Spinnstube zusammen. Die Stickmuster wurden von Generation zu Generation nachgearbeitet und weiterentwickelt. So entstanden die typischen Volksmuster.

Schöne Muster und Vorlagen

Fisch zum Nacharbeiten

Vier Mustervorlagen zu den Wolken aus Glasbatist auf Seite 31

Mustervorlage zu den Fensterbildern in Richelieutechnik auf Seite 32

Mustervorlage für die Katze im Fenster auf Seite 32

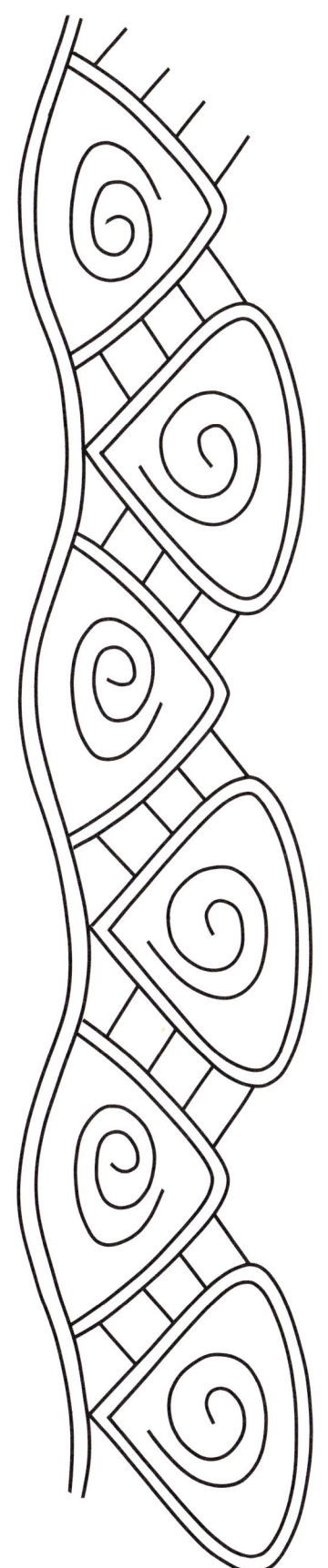

Mustervorlage der Richelieukante am Deckchen auf Seite 33   *Mustervorlage zum Tischband in Schattenstickerei auf Seite 30*

Mustervorlage zur Monogrammstickerei auf Seite 38

P Q R

S T U V

W X Y

Z

Mustervorlage zum Tablettdeckchen auf Seite 34

Muster für die Klapperdeckchen auf Seite 34

Mustervorlage (ein Drittel) zum Blütenkranz in Hoch- und Schattenstickerei auf Seite 38

Mustervorlage (ein Viertel) zur Hessenstickerei auf Seite 39

Mustervorlage (eine Hälfte) zur Hessenstickerei auf Seite 39

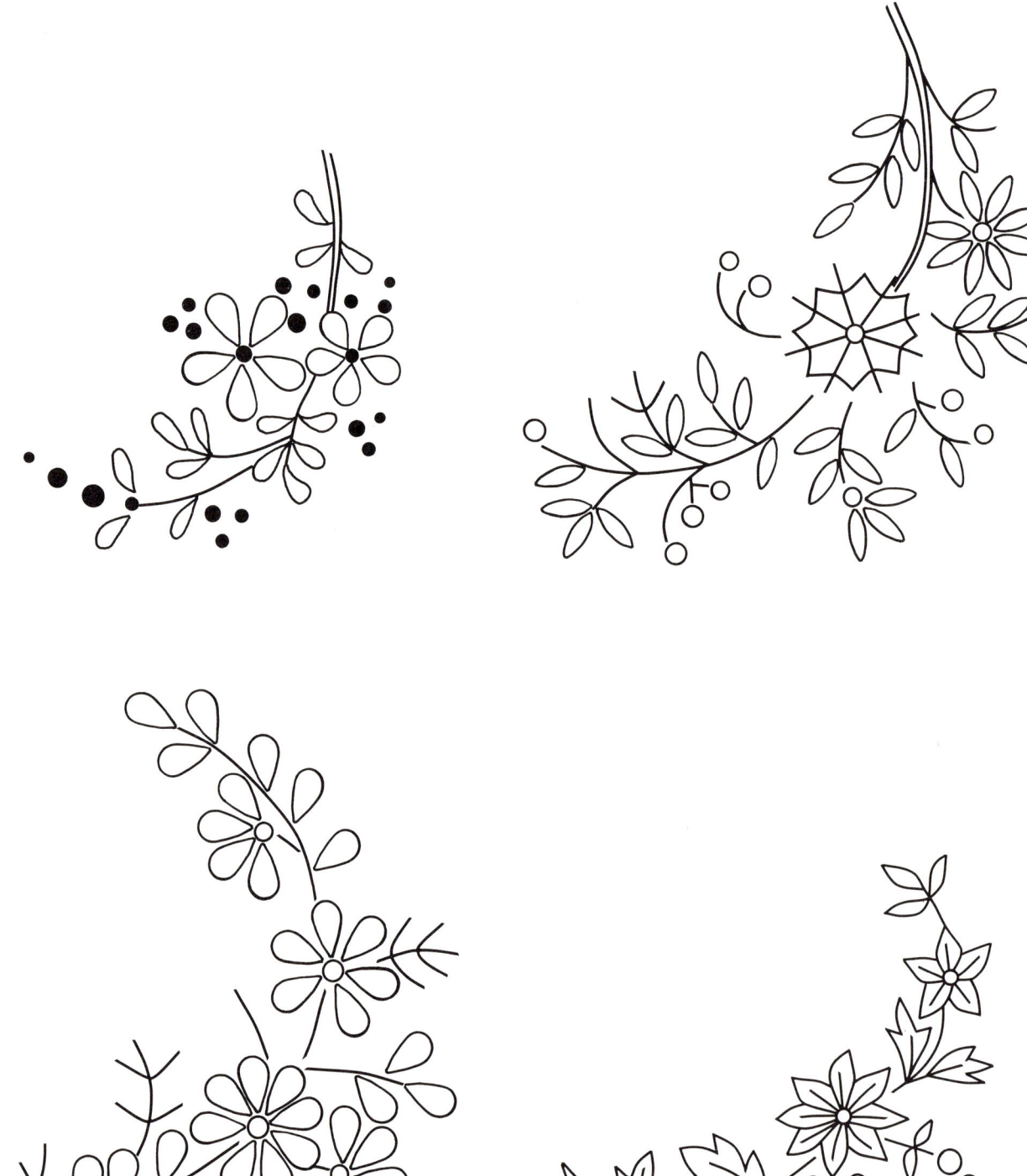

Mustervorlage für die Decke auf dem Titelbild (verkleinert)

Zur Tischdecke auf dem Titelbild

Die Decke auf dem Titelblatt hat die Originalgröße von 70 x 70 cm. Durch ihre reichhaltige Stickerei wirkt sie besonders kostbar. Harmonisch sind bei der Zeichnung Linien und Ornamente miteinander verbunden. Gestickt ist die Decke in einem breiten Stielstich und Plattstich. Kreise, Herzen und Dreiecke sind mit Kästchenajourstichen gefüllt. Der Außenrand ist festoniert.

Möchten Sie die Decke nacharbeiten, benötigen Sie:
ein Stück Leinen 85 x 85 cm groß, 12 Fäden = 1 cm^2
Perlgarn Stärke 8
Perlgarn Stärke 5
Sticknadeln mit und ohne Spitze, Stärke 22
Stickrahmen (Stickständer) für Stielstich und Plattstich, Handstickrahmen für die Ajourstiche

Ausführung:
Von der Zeichnung fertigen Sie auf Seidenpapier das Aufbügelmuster zweimal an. Waagerecht und senkrecht ziehen Sie durch die Mitte des Leinens einen farbigen Faden ein. Das Aufbügelmuster beischneiden, wenden und gegeneinanderlegen und aufbügeln. Spannen Sie nun die Decke in einen Stickrahmen und sticken zuerst die Umrandungen der Kreise, Herzen und Dreiecke in einem breiten Stielstich mit Perlgarn Stärke 5. Sticken Sie den Stielstich nicht wie gewohnt eng anliegend, sondern halten Sie ca. 2 mm Abstand von der gezeichneten Linie, kommen dort mit der Sticknadel hoch und sticken auf der gezeichneten Linie nach unten, usw. Haben Sie die Umrandungen ausgeführt, spannen Sie die Stickerei in einen Handrahmen und bringen den Kästchenajourstich innerhalb der umstickten Formen ein. Hierfür nehmen Sie Perlgarn Stärke 8 und eine Sticknadel ohne Spitze.

Danach spannen Sie die Decke wieder in einen Stickrahmen (Stickständer) und sticken mit spitzer Sticknadel und Perlgarn Stärke 5 weiter. Alle Linien führen Sie in breiterem Stielstich aus. Größere Punkte und Formen sticken Sie in Plattstich. Innerhalb der Blätter und dem doppelten Kreisrand sind kleine Pünktchen gezeichnet. Diese übersticken Sie mit 3 kleinen Plattstichen, die Sie fast auf der Stelle übereinanderliegend ausführen.

Der Außenrand der Decke ist festoniert. Über die doppelt gezeichnete Linie arbeiten Sie mit Perlgarn Stärke 8 einen dicht an dicht liegenden Festonstich.

Ist die Stickerei an Ihrer Decke ganz ausgeführt, waschen Sie das Werkstück durch. Lassen Sie die Decke nicht zu trocken werden. Bügeln Sie sie von der linken Seite auf weicher Unterlage unter Druck, damit die Plattstichstickerei plastisch hervortritt.

An der Festonkante der Decke schneiden Sie den überstehenden Rand ab und erfreuen sich an Ihrem fertigen Prachtstück.

Textile Handarbeiten

Anregungen und Motive aus der Ravensburger® Stickbibliothek.

Eleonore Gross-Ekowski
Frühlingsblumen
Wunderschöne Motive bekannter und seltener Frühlingsblumen können nach genauen Stickanleitungen nachgearbeitet werden.
ISBN 3-473-**42483**-8

Jutta Lammèr
Alte und neue Stickmustertücher
Eine Auswahl von rund 30 besonders schönen Tüchern, fast alle mit Zählvorlagen. Auch kostbare alte Stücke lassen sich originalgetreu kopieren.
ISBN 3-473-**42466**-8

Anna Dolanyi
Stickereien für 1001 Nacht
Die farbenprächtigen Stickereien der Beduinenfrauen. Ihre Lebensweise, ihre Kultur, ihre Bräuche. Die schönsten Muster in prächtigen Farbabbildungen. Zeichnungen ermöglichen das Nachsticken einzelner Motive.
ISBN 3-473-**42427**-7

Jutta Lammèr
Schöne alte Alphabete zum Nachsticken
Eine aus alten Vorlagen zusammengestellte Sammlung schöner Alphabete. Mit exakten Anleitungen zum Nachsticken und Beispielen für Verwendungsmöglichkeiten.
ISBN 3-473-**42471**-4

Jutta Lammèr
Weihnachtsstickereien
Bezaubernde Stickmotive in Kreuzstichtechnik. Durchgehend farbige Abbildungen mit Vorlagen.
ISBN 3-473-**42482**-X

Angelika und Jürgen Orthaus
Sticken von Hand und mit der Nähmaschine
Verschiedene Sticktechniken werden ausführlich erläutert. Das Buch eröffnet auch die vielfältigen Möglichkeiten des Stickens mit der Nähmaschine.
ISBN 3-473-**42425**-0

Jutta Lammèr
Gruß und Kuß in Kreuzstich
Gestickte Kartengrüße für jeden Anlaß, die eine ganz persönliche Note haben. Dieser Band hat Anregungen mit den entsprechenden Vorlagen parat.
ISBN 3-473-**45693**-4

Von Ravensburger® gibt es: Spiele, Kinder- und Jugendbücher, Puzzles, Hobby- und Malprogramme, Sachbücher und Videoprogramme.